달팽이의 노래

달팽이의 노래

윤경로 시집

청옥

낭만의 고뇌

작가의 말

　세상은 빠르게 흘러가고 말들은 점점 가벼워집니다.
　그 속에서 나는 아주 느린 걸음으로 작고 조용한 것들의 속삭임에 귀를 기울이고자 했습니다.
　삶의 틈에서 피어난 이 시들은 어쩌면 잊혀졌거나, 지나쳐버린 것들의 작은 울림일지도 모릅니다.
　부서지는 햇살 찻잔의 온기 바람에 흔들리는 풀잎의 떨림까지 그 모든 사소하고 연약한 것들이 내게 말을 걸어왔습니다.
　이 시집은 그 속삭임을 모아 엮은 조각보 같은 책입니다.
　눈에 잘 띄지 않는 것들이 내게 건넨 진실을 놓치고 지나온 마음의 풍경을 조심스레 펼쳐 보이고 싶었습니다.
　이 조용한 책 한 권이 읽는 이의 마음에 작은 울림으로라도 닿을 수 있다면 하는 바람입니다.
　읽어 주시고 마음에 담아주신다면 그보다 더한 기쁨은 없을 것입니다. 모든 이들의 내면에도 오래도록 따뜻한 속삭임이 머물기를.
　고맙습니다.

2025년 여름에
윤경로 쓰다

차례

작가의 말 · 5

제1부 세월의 페이지를 넘기며

나를 사랑해야 하는 까닭 ······· 15
세월의 페이지를 넘기며 ······· 16
덧칠의 미학 ······· 18
아버지의 지게 ······· 19
자갈치의 새벽 ······· 20
아욱국 ······· 22
나를 빚다 ······· 23
무궁화, 잊힌 이름이여 ······· 24
느린 걸음의 노래 ······· 25
수박 서리 그 여름밤 ······· 26
낙화 ······· 28
세 번 피는 동백꽃 ······· 29
가난한 만족 ······· 30
내 고향 황산벌 ······· 31
낙조 ······· 32
아내의 잠든 모습을 보며 ······· 33
초록의 의지 ······· 34
사막에서 방향을 가늠하다 ······· 35
꼬끼오, 첫울음 ······· 36
권태기, 갱년기 ······· 37

제2부 풍경을 인화하다

용두산의 오후 ················· 41
광안리의 밤 ·················· 42
태종대에서 ··················· 43
낙동강 ······················ 44
범어사 송림松林에서 ············ 45
구름 뒤의 햇살 ················ 46
새벽 산행 ···················· 47
송정에서의 서핑 ················ 48
부산의 터줏대감 돼지국밥 ········ 50
태종대 자갈마당 조약돌 ·········· 51
탁상시계 ···················· 52
성지곡 수원지 편백의 숨결 ······· 53
오륙도의 해무 ················· 54
달빛 아래 고백 ················ 55
경부선 대전역 가락국수 ·········· 56
천안 명물 호두과자 ············· 58
비닐하우스 ··················· 59
세상은 느끼는 자의 것 ··········· 60
사랑은 청포도 ················· 61

제3부 관심의 간격

호박꽃 ············· 65
관심의 간격 ············· 66
수국 1 ············· 68
아카시아꽃 ············· 69
그대 향기는 꽃내음 ············· 70
진달래의 추억 ············· 71
수국 2 ············· 72
5월의 향기 속으로 ············· 74
할미꽃 ············· 75
갈색 추억 ············· 76
철쭉 ············· 77
무지개 ············· 78
겨울 소묘 ············· 79
행복은 매일 피는 꽃 ············· 80
은행잎 편지 ············· 81
봄비 ············· 82
무한대의 가치 ············· 83
당신이라는 특별함 ············· 84
공감 ············· 85
소중한 아내 ············· 86

제4부 아버지의 헛기침 소리

아버지의 헛기침 소리 ·········· 89
제삿날, 어머니를 그리며 ·········· 90
사랑하는 아들, 딸에게 ·········· 91
아내의 늦깎이 대학 생활 ·········· 92
늦깎이 박사 ·········· 94
아버지를 그리며 ·········· 96
고구마와 감자 ·········· 97
부모님 산소 ·········· 98
그 겨울 점심시간 ·········· 99
꽁보리밥 ·········· 100
무대 위 주인공은 나 ·········· 101
사랑의 메아리 ·········· 102
인연 5 ·········· 104
홀로 마시는 그리움 한잔 ·········· 105
같은 방향을 보는 사람 ·········· 106
곁에 있어 좋은 사람 ·········· 107
망각의 피안彼岸 ·········· 108
우렁이 어쩌면 우렁각시 ·········· 110
호국의 달 유월을 맞이하며 ·········· 111
사랑, 천만 번 불러도 좋을 ·········· 112

제5부 여백의 탐구

여백의 탐구 ················· 115
쓰이지 않은 시 ············· 116
허기라는 식탁 ············· 117
내비게이션 ················· 118
흘러가는 것들에 대하여 ······ 119
바람의 전언 ················ 120
거슬러 오르는 이유 ········· 121
인생의 새벽 ················ 122
모닝커피 ··················· 124
사랑의 거리 ················ 125
비 오는 날의 기도 ·········· 126
고수와 하수 ················ 127
안개 속 실루엣 ············· 128
잔치국수와 비빔국수 ······· 129
인생의 커브길 ·············· 130
이별의 덫 ·················· 131
경청 ······················· 132
너를 만난 행복 ············· 133
용서 ······················· 134
자유로울 때가 아름다운걸 ··· 135

해설 결론을 향한 의지적 차원,
작은 울림 큰 공감 |정익진| ········· 136

제1부

세월의 페이지를 넘기며

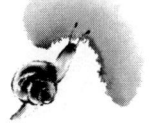

나를 사랑해야 하는 까닭

차가운 돌에 햇살 퍼지듯
은연중 마음을 덥혀
온기를 나눌 줄 아는 이는
그 손에 먼저
따뜻함을 쥐어본 사람이다

세상의 외면에 상처받고
누군가의 품에서
울음을 참아본 사람만이
다른 이의 눈물을
말없이 안아줄 수 있다

배려와 존중으로 피어나는
사랑이라는 꽃
관심을 받아본 이만이
그 꽃의 이름을 부르며
다시 피워낼 수 있다

세월의 페이지를 넘기며

모든 것이 영원할 줄 알았다
뜨거운 심장 거친 손바닥
귀한 몸 아낌없이 던져
쇳물 같은 시간을 견뎠다

이제는 안경을 코끝에 걸치고
천천히 책장을 넘긴다
작은 글씨 하나하나
세월의 주름처럼 다가온다

한때는 내 손끝이
미래를 만들었다 믿었지만
제조업 35년
현실은 서늘한 그림자를 드리운다

야속한 세월아
내 땀을 데려가더니
내 청춘도 슬며시 데려갔구나

그래도 나는 오늘도 선다
낡은 공장 낯익은 기계 앞에
조용히 숨을 고르고
다시 하루를 켜 올린다

덧칠의 미학

백지인 인생 캔버스에 채워가는 색
좌절은 암울한 잿빛으로
감사는 속살에 스민 금빛 결로
사랑은 잉크처럼 번지는 남청의 숨결로
한 겹씩 조심스러운 덧칠을 한다

비뚤어진 선과 덕지덕지 처바른 갈등의 질감에
뜻하지 않게 일그러진 색 번짐
그 모든 왜곡조차 나를 알아가는 과정이기에
날림의 붓질이지만
천천히 나만의 형상을 표현하고자 한다

때론 원형을 잃어 무어라 일컬을 수 없는
채색의 혼돈 속에서도
희망으로 덧칠해 보는 불완전한 나만의 초상
스스로 빛나는 내 인생의 걸작으로
세상에 당당히 내보일 수 있었으면 한다

아버지의 지게

시큰거리는 등허리로 짊어진 세월의 무게
어제와 오늘의 차이를 아는 건 지게뿐이었다

파스 살 돈 아까워 안티푸라민 한 통으로 대신한
아버지의 근육통과 관절염
인생의 충실한 지게꾼으로만 사셨다

가족부양에 무게와 헌신의 무게
고스란히 짊어진 등짐이었고
지게를 멘 그 어깨는 가족의 등뼈였다

마당 한쪽 덩그러니 놓인 지게를 보다가
떠올리는 아버지의 모습
아버지가 넌지시 말씀을 하시는 듯하다

"삶이란 건 짊어지는 것만으로도
충분히 아름다울 수 있다"

자갈치의 새벽

어둠이 채 걷히기도 전
낡은 트럭 불빛이 골목을 누비고
비닐 우비 속 사람들
꿈 대신 고무장화를 신고 나섰다

수조가 비좁은 현란한 은빛 몸부림
그 짧은 소란에
살아 퍼덕이는 시장 바닥
누군가에 치열한 삶의 현장이다

손끝으로 전해지는 물비린내
생선을 다듬는 칼끝은 조심스럽고
손님을 붙잡는 눈빛
마수걸이의 간절함이 담긴다

부지런한 숨결 천막 아래 모여들고
억척으로 터 잡은 난전
할미의 욕 한마디에 묻은 정이
하루를 손질하고 내일을 끌어안는다

자갈치의 아침은 늘 그렇게
비린내 젖은 손으로 시작되는
정직한 노동의 부산스러움
살아낼 오늘을 흥정하고 있다

아욱국

가을이면 어김없이 떠오르는
어머니가 끓여주시던 푸른빛 고운 아욱국

요즘 엔간해선 보기 힘든 아욱
어쩌다 시장 한구석에서 눈에 띄기라도 하면
오래된 누군가를 만난 것처럼
반갑게 몇 단 챙겨 콧노래까지 얹는다

큼직한 냄비를 꺼내 익숙하게 된장 풀고
어머니의 손맛 은근히 끓여내는 아내
구수한 냄새가 퍼지면 어느새 응석받이처럼
주방 근처를 서성이는 그리움이다

맛있고 귀해 문 잠가놓고 먹었다는 아욱국엔
나의 철부지 시절도
어머니의 고단한 생을 물려받은 아내의 손맛도
고스란히 담겨있다

나를 빚다

손끝에 닿는 말랑한 어둠
명상의 물레를 돌려
희망의 질그릇 빚는다

모난 마음은 눌러 다듬고
미련의 기억은 반죽하여
이름도 없이
형태도 없이
그저
누군가의 밥상에 놓일
작은 그릇이 되기를

사유의 점토 한 덩어리
끈기의 손끝에서
내가 빚어지는 중이다

무궁화, 잊힌 이름이여

요즘 어디에서도 찾아보기 힘든
무궁화
이젠 자랑스럽게 피지 않습니다

끈기가 있는 우리 꽃이 아닌
일본을 상징하는 벚꽃에
사람들은 축제의 환희에 취하네요

화려하지 않아도 찬란했고
침탈의 역사도 이겨낸 질긴 생명력
굴하지 않는 인내의 표상입니다

"무궁화 삼천리 화려강산"
그 가사 속에 담긴 불변의 의미는
단지 상징이 아닌
존재의 뿌리였습니다

이 땅 위에서 다시 피어나두록
우리가 나서서 애써야 합니다

- 무궁화 꽃이 피었습니다! -

느린 걸음의 노래

가야 할 곳이 있는 달팽이는 걸음을 멈추지 않는다
느려 답답할지 몰라도 그 세상은 한 뼘 한 뼘이 온 우주다

이슬 맺힌 풀잎 위를 지나며 하루를 다 쓰는 그 마음
초록 그림자 아래 조용한 결의의 발자국이 남는다

천 리 길도 한 걸음부터인걸
조급함보다 중요한 건 멈추지 않는 것이라는 걸 강의 중이다

햇살이 내리쬐고 바람이 자꾸만 앞질러 가도
달팽이는 자신만의 계절을 살아간다

속도보다 방향을 결과보다 과정을 안고
묵묵히 나아가는 등에 결연한 의지를 매달았다

세상은 빠르게 흘러가지만 느림에는 느림만의 노래가 있다
그 느린 노래가 당신에게도 나직이 들려오기를…

수박 서리 그 여름밤

반딧불이 순찰하는 시골 여름밤
달빛 어슴푸레 꼬맹이들 숨겨주고
개울물 소리가 감춰주던 부스럭거림
미끄덩한 고무신 벗어 던지고
맨발로 밭두렁 타고 넘을 때
심장은 북처럼 뛰고
친구 눈빛은 두려움으로 반짝였다

"야 조용히 해라"
속삭임은 바람처럼 흩어지고
드디어 찾은 한 아름의 수박 하나
들키면 혼쭐날 줄 알면서도
그 단맛을 어찌 참을 수 있으랴
돌로 깨트려 반 쪼개어
별빛 아래 쪼르르 앉아 나눠 먹던
그 달고 시원한 죄罪

열대야의 기승에
마트에서 사 온 수박을 썰다가

생각난 어릴 적 기억
맘 졸이던 개구쟁이들의 무용담을
그 달콤한 두근거림을 한입 베어 문다

낙화

향기와 찬연한 색으로 계절을 물들여
영원할 것만 같았던 눈부신 날
햇살은 꽃봉오리에 오래 앉아있었다

바람 한줌에도 흔들리던 갈망 속에서
직감하는 내려놓을 시간
꽃잎 하나 완성된 문장의 마침표가 된다

꽃이 마지막 몸짓으로 말해주는
지는 것이 끝이 아닌 살아냈다는 증거
속절없음이 다음을 위한 연대기를 작성한다

때가 되면 손 놓을 줄 아는 낙화의 의연함이
우리네 삶도 이와 같으니
집착과 미련의 헛됨을 내려놓으라 귀띔한다

세 번 피는 동백꽃

한 번은 생으로
나뭇가지 위 차가운 바람에 흔들리는 겨울 하늘 아래 이른 아침 서리가 입 맞춘 잎새 틈에 조용히 터지는 붉은 심장이 눈발에 스치는 꽃잎 하나 살아있으리란 말 대신 바라보는 이의 눈빛 속에 다시 핀다.

한 번은 마음으로
멈춰 선 발걸음에 아득히 맴도는 옛 노래처럼 다가간 누군가의 마음 한가운데 불쑥 들어서고 그리움은 붉은 꽃잎의 결을 따라 퍼져 잊고 있던 감정의 맥박 위에 사부자기 머물렀다가 말없이 전해지는 사랑의 방식으로 생을 다한 채 툭 떨어진다.

마지막은 영원으로
땅 위에서 다시금 피는 꽃송이는 소멸의 의식으로 지는 게 아닌 다시 피는 일이기에 빛이 머문 자리에서 영원히 지워지지 않을 한 줌 기억의 토양이 되어 계절의 순리에 합당하게 또다시 돌아와 그렇게 동백꽃은 세 번 핀다.

가난한 만족

보잘것없어 돌아보면 늘 처량한 언덕배기마다
저녁이면 따뜻한 불빛 도란거리고
기껏해야 묵은김치 놓고 후루룩 넘기는 라면 가닥
버거운 하루가 잠시
뜨겁게 입천장의 허물을 벗겨냈다

사소한 기쁨일지라도 오래 마음에 담아두어야만
야박한 세상을 향해
상냥하게 웃을 수 있다는 걸 알아차린
가난한 아이의 덤덤한 수긍이
길고양이처럼 으슥한 골목길을 누볐다

술 한잔에 불콰해지는 가로등 불빛
비틀거리는 그림자가 어둠 속으로 사라지면
이내 기도처럼 피어나는 웃음 하나
오늘도 나는
가진 것 별로 없이도 충분히 살아냈다

내 고향 황산벌

들녘을 붉게 물들이던 저녁놀
계백장군의 말굽 자국 어지럽던 자리에서
옛 전설 조용히 읊조리는 바람

황산벌 그 이름만으로도 진중해지는
역사의 무게를 등에 지고
가을볕 아래 웃는 사람들의 터전이다

철 따라 피고 지는 들꽃처럼
고향도 변해가지만
황산벌의 흙냄새는 기억 속에 여전하다

이 들판이 얼마나 큰 이야기를 품었는지를
나는 안다
늘 내 고향 황산벌은 마음에 자리한다

낙조

저물녘 강물 위
붉은빛 하나 조용히 눕는다

한낮을 달구던 뜨거운 태양
절정의 불꽃을 사르고
조용히 물러날 때를 기다린다

나는 말 없이 그 앞에 선다
하루의 끝에서 내게 말을 건네듯
무언가를 조용히 놓아주는 연습 하듯이

가장 찬란한 순간은
언제나 사라지기 직전의 아름다움

마지막 숨결
가장 깊은 은유로 빛난다

아내의 잠든 모습을 보며

조용한 밤
당신의 코 고는 소리
내겐 자장가처럼 들립니다

꽃 같던 그대는 아이 둘 품고
내 허기진 삶에
밥이 되고 빛이 되었지요

주름진 이마를 보며
늙었다고 말하지 않을게요
그건 사랑이 깊어진 거니까요

잠든 당신을 바라보며
가슴이 아려옵니다
말하지 못한 사랑 이토록 가득했음을

고맙고 미안하고
그리고 끝없이 사랑합니다

초록의 의지

비바람에 굴하지 않는 의지로
거친 벽 틈에
희망의 뿌리를 내리고
햇살 한 줌이면 충분하다며
허공에 내딛는 발

가냘픈 손 뻗는 마음만으로
이미 가까워지는 하늘
담쟁이는 오늘도 꿈을 향한
한 단계 도약을 위해
수직의 담벼락을 기어오른다

거칠 것 없는 진격의 초록 깃발
연대하여 전진해도
목적은 늘 손에 잡힐 듯 요원하다

사막에서 방향을 가늠하다

사막은 언제나 방향을 속이고 있지만
모래는 언제나 길을 품고 있다
어디에도 그늘을 남기지 않는
뜨거운 수직의 땡볕은 의식을 증발시킨다

지금껏 가본 적 없는 신기루를 떠올리며
모두가 다른 신화를 믿고 있다
요지부동의 나침판을 들고
누군가는 마지막 오아시스를 찾아 떠났다

사막에서 가장 두려워야 할 일이란
길이 보이지 않을 때가 아니다
모든 가능성이 열려 훤히 보이는
예측할 수 없는 방향의 첫 발걸음이다

꼬끼오, 첫울음

어둠의 가장자리에 불을 켜듯
생의 첫 문장을 쓰는 수탉의 울음소리
꼬끼오!
그 울음은 단지 소리가 아닌
몸 안의 시계를 흔들어 깨우는
생명의 암묵적 약속이다

내 시간 내 터전이라는
붉은 볏 아래 선명한 선언으로
바람보다 먼저
눈 떠야 할 이유를 알려주는
시간의 파수꾼이자 전령
선명한 일깨움의 파동이다

밤과 낮의 경계에서
확신을 분명하게 선언하는 일
존재의 자리임을 외치는 일
하루는 그렇게
수탉의 울음에서 비롯된다는 걸
나는 안다

권태기, 갱년기

삶의 언저리서 스며오는 갱년기
속을 헤집는 권태
우리네 인생엔 가끔 허무가 밀려온다

누군가는 상담실 문을 두드리고
누군가는 약에 의지하지만
결국, 사람은 사람에게 기대는 것

서로의 등 두드리며 살아낸
육십을 훌쩍 넘긴 시간
울퉁불퉁한 마음을 다독이던 날들

늦은 밤 시린 발 이불 덮어주며
곁을 지켜주는 측은지심
무던히 묵묵히 늙어가는 연습을 한다

제2부

풍경을 인화하다

용두산의 오후

남성여고 끼고 도는 언덕을 오르면
잠시 숨 고르는 세월
그늘진 벤치를 차지한 노인들의 웃음
비둘기가 무료한 햇살을 쪼아댄다

한 줌 모이로 시작되는 대화
말 대신 눈짓으로 나누는 안부
세상은 바쁘게 돌아가도
이곳의 시간은 유독 느릿하다

부산의 상징으로 솟대로 우뚝 선
용두산공원 탑
남항의 물빛 어루만지는 눈빛엔
억척스러운 삶이 어룽거린다

누구나 한 장쯤은 사진으로 간직한
용두산 꽃시계 앞에서 추억
저물녘 불빛으로 떠오르는 도심 속
적막한 섬이 되곤 한다

광안리의 밤

어둠 속 바다 위 솟대가 우뚝하다
점멸의 불빛 신호에
어둠 저편으로부터 수신되는 파동
빛의 언어를 해독 중이다

보랏빛 사유 붉은 그리움 푸른 회상
빛의 언어를 해독하지 못한
해변을 점령한 젊음의 불완전한 꿈이
취기로 철썩거린다

요트에서 쏘아대는 폭죽의 별빛
잠시 환하게 웃어주는 빛나는 순간
잔물결 위에 너울거리는 낭만이
꿈과 세상을 잇는 다리를 건너는 중이다

태종대에서

전동 기차에 바닷바람을 싣고
태종대를 한 바퀴 천천히 산책하다 보면
여름 햇살 속 수줍게 피어난 인사
태종사 수국들이 방글거린다

유람선에 오르니
선장의 구수한 입담 파도처럼 밀려오고
장엄한 절벽 병풍
자연의 신비를 기록하고 있다

데이트 중인 연인
맞잡은 손엔 설렘이 출렁이고
새우깡 한 조각에도 기꺼이 반응해 주는
갈매기의 날갯짓 환호이다

날씨 좋은 날
수평선 너머 아스라한 대마도
기막힌 절경 앞에 두고
넋 놓고 듣는 파도의 이야기다

낙동강

국토가 불길에 휩싸였던 1950년
조국의 심장을 지켜낸 마지막 방어선
수많은 피난민이 눈물로 건넜던
그 이름 낙동강이여

격동과 비탄의 물줄기는
동족상쟁의 비극을 정화하면서
영남의 들판을 적시는 생명의 젖줄로
부흥의 기적을 이루어냈지

보이지 않는 희생의 눈물로
고마움과 기억을 안고
변함없이 하루를 열어 주는
고요한 기도처럼 경건한 흐름이여

낙동강이여, 역사는 말한다
네가 흘려보낸 기억들은
민족의 생생한 아픔의 기록이자
유구한 역사이었음을

범어사 송림松林에서

절 입구에 들어서자
노송들이 정좌한 채 나를 맞는다
마치 노승처럼
천년을 묵언으로 기도한 몸들

뿌리로는 산을 꼭 붙들고
줄기로는 하늘을 버티며
한 치 흔들림 없이
묵묵히 시간을 견뎌왔으리

바람 한 줄기 스쳐
솔잎 끝에 맺힌 기억을 흔들면
송편을 찔 때마다 어머니가 깔던
그 솔향의 은은함이 번진다

지저분하다고 털어낼 수 없는
차 위에 수북이 내려앉는 송홧가루
송림을 걷는 내내
깨우침의 푸르름을 우러르는 마음이다

구름 뒤의 햇살

우리네 인생이 살아볼 만한 이유는
짙은 먹구름 아래서도 어디선가 한 줄기 빛이
얼굴을 내미는 순간들이 있기 때문이다

절망의 골짜기를 걷다 보면
종종 발밑이 꺼지고 하늘은 무너질 듯 무겁지만
바람 사이로 스미는 따스함은 태양이 있다는 증거다

모든 날이 맑은 순 없고 밤이 영원하진 않듯
캄캄한 시간에도 우리는 안다
어둠의 장막 뒤에는 늘 햇빛이 머문다는 걸

오늘은 흐려도 내일은 해가 뜬다는 믿음으로
길 위에서 웃고 때론 울며
포기하지 않고 끝내 살아내는 것이다

새벽 산행

빛의 씨앗들이 발아된 그믐밤
그믐달 이울면
더 밝게 와닿는 별빛을 뒤쫓지

어둑서니 선 산그림자 속에서
솔바람 흐르고
함초롬한 들꽃들이 하늘거리지

산마루에 조는 듯 걸린 그믐달
초롱초롱한 샛별
새벽안개 피어오르는 호수를 건너지

희붐히 열리는 새벽 등산로
비움은 산이
봄을 기다리는 자세라 했지

송정에서의 서핑

어디로 흘러갈지 모르는 파도
예고 없는 소용돌이
두려움 대신 뚝심으로 보드 위에 선다
떨어져도 좋다고
떨어져도 다시 떠오르겠다고
내동댕이쳐지는데 이력이 난 인생이라며

파도에 내쳐질 때마다 알게 된다
등을 떠미는 적이 아니라
다시 시작하게 하는 파도의 격려라는 걸
햇살이 반짝이는 수면 위로
한 줄기 바람이 스치면
의기소침했던 마음이 도전에 맛 들인다

무릎이 꺾여도 시야가 물에 잠겨도
나는 멈추지 않는다
끝내는 파도 위에 나를 다시 세운다
거센 물살을 견디는 용기
다시 보드 위에 오르는 반복된 의지

그 속에서 나는 배운다
내일은 오늘보다 나을 거라는 걸

바다는 모든 실패를 받아주며 이른다
"다시 해보라고"
"이번엔 더 멀리 갈 수 있을 거라고"
인생살이를 닮은 서핑
넘어져도 다시 일어서는 법을 배우고
흔들림 속에서도 균형을 잡는다

부산의 터줏대감 돼지국밥

바다 향 짙은 골목 끝
솟아오르는 김 사이로
뽀얀 국물에 진하게 녹아든 세월
서민의 민생고를 달랠
푸짐한 인심은 깊고 따뜻하다

뜨끈한 뚝배기 한 그릇이면
땀에 젖은 하루가 위로받고
훌훌 말아먹는 국밥에
허한 마음 든든히 채우니
얼큰히 취해 쓰린 속이 풀린다

모두가 배고픔 앞에선 평등해
한 숟갈에 담긴 부산의 맛
돼지국밥집 가마솥에
오래 우려 끓이는 삶의 진국
부산을 대표하는 먹거리라 하겠다

태종대 자갈마당 조약돌

태종대 끝자락 자갈마당에 앉으면
파도는 말 대신 몸짓으로
바람은 설핏 지나간 이야기를 되짚는다

어깨를 맞댄 마음의 조약돌
오래 참고 견딘 듯한 말 없는 둥근 표정들
깎이고 다듬어져 모서리가 닳는다

말없이 건네는 오래된 위로
누군가 오래 울다 간 기억일지도 모를
칭얼거림의 푸념이 휩쓸린다

조약돌 하나 주워 주머니에 넣는다
잊지 않기 위해서가 아니라
그 따뜻한 침묵을 가끔 확인하고 싶어서

탁상시계

조용한 새벽
하루의 시작을 알리는
작은 탁상시계 하나

약속된 시간에 맞춰
꿈속의 헤매는 나를 깨운다

잠결에 들리는 알람 소리
제 몫을 다하는
믿음직한 친구이다

배터리만 잘 챙겨 주면
언제나 실수 없이 날 깨워
현실로 데려오는 너

고맙다
너로 인해 오늘도 제시간에
세상 속으로 나아간다

성지곡 수원지 편백의 숨결

성지곡 수원지에서 떼 지어 노는 잉어들
먹이를 던질 때마다
일렁이는 물결에 반짝이는 비늘이다

수원지를 조금 벗어난 울창한 편백 숲
들어서는 순간 피톤치드의 숨결
도심의 매연에 찌든 폐 깊숙이 스며든다

상큼한 풀 내음과 송진 냄새에
불안은 사그라들고
혼탁한 마음을 정화하니 평온하다

나무도 숨을 쉰다는 걸
그 숨결이 사람을 치유한다는 걸
숲 일부가 되어 온전히 느껴본다

오륙도의 해무

지친 물살이 다시 일어서려 애쓰는 그곳에
짙은 해무가 비밀의 장막을 드리우지

파도 수없이 부서져 출렁거리는
오륙도
덧없는 뒤척임으로 몸살 앓게 했는지

그 차가운 숨결 위로
따스한 솜이불 덮어주는 보이지 않은 손길

보이지 않아도 늘 거기쯤 있음을 알기에
파도 소리
너의 숨결로 마음에 다다를 것임을 알지

달빛 아래 고백

내 마음은 어둠 속 등불
당신을 비추려 스스로를 태웁니다

부르지 못한 이름 안개처럼 스며
당신은 숨결마다 피어납니다

나는 바람에 흔들리는 종이배
인연의 강을 건너지 못한 채 기다릴 뿐

매일 밤 별빛을 우러르지만
당신은 닿을 수 없는 별입니다

대답하지 않아도 괜찮습니다
그리움은 이미 붙박이 사랑이 되었으니

경부선 대전역 가락국수

대전역에 도착하면
기차는 잠시 숨을 고른다
승하차장 옆 간이식당
김 서리는 창 너머로
삶의 허기들이 모여든다

가락국수 한 그릇
허겁지겁 비워내던 기억
둘이 먹다 하나 죽어도
모를 맛이라던 말
그땐 정말 그랬다
배고픔도 웃음도
한 국물에 함께 끓던 시절

기차가 출발하면
가락국수 그릇 손에 쥔 채
헐레벌떡 뛰어오르던 사람들
"그릇 놓고 가요"
뒤쫓아오며 소리치던
역 아주머니의 목소리

이제는 사라진 풍경
이제는 들을 수 없는 그 시절
그립다
가락국수의 온기처럼
뜨겁고 다정했던
그 한순간들이

천안 명물 호두과자

"천안의 명물 호두과자가 왔습니다"
열차 통로를 가르던 목소리
식은 도시락 위로 퍼지던 따뜻한 단내

창밖 풍경은 빠르게 흘렀지만
그 소리는
느리게 마음속에 박혔다

호두과자는 간식이 아닌
기다림이었고 돌아가는 길이었고
말없이 전해지던 사랑이었다

"천안의 명물 호두과자가 왔습니다"
그 소리는 아직도 가끔
마음 깊은 곳에서 맛깔스레 들려온다

비닐하우스

한겨울에도 햇살을 품고
찬 바람을 막는 얇은 막 하나 두른 채
계절을 잊은 푸르른 이파리들

비닐이 만든 계절의 경계에서
묵묵히 품은 그 온기
안과 밖의 시간이 다르게 흐른다

조용히 생명을 키우는
참 부지런한, 참 고요한 기적
비닐 요새가 한파에도 끄떡없다

세상은 느끼는 자의 것

어떤 이는 돌부리에 걸려 넘어지며
세상의 거칢을 배우고
누군가는 그 돌 위에 앉아 노을을 본다

꽃잎 한 장 지는 소리에
가슴이 젖는 이가 있고
비가 와도 젖지 않는 마음도 있다

무심한 풍경 속에서
눈물 한 방울 찾는 이여
당신의 마음이 세상을 더 깊게 만든다

세상은
보는 자의 것이 아니라 느끼는 자의 것
그 가슴의 뜨거운 세계인 것이다

사랑은 청포도

푸른빛 맺힌 청포도 알처럼
내 마음속에 숨겨진 작은 꿈
아직 익지 않은 듯
조용히 기다리며 설레는 시간

햇살 속에 반짝이고
바람에 살랑이며
서서히 달콤함을 키워 가는
그런 사랑이었으면 해

사랑은 청포도
아직은 풋풋하지만
그 안에 담긴 모든 희망과 기다림
송알송알 맺히기를

풋풋한 향기 가득한 그 사랑은
천천히 그러나 깊게
내 안에 영글어
끝내는 눈부신 빛으로 익어 가리라

제3부

관심의 간격

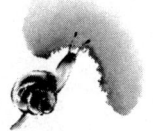

호박꽃

세상 가장 넉넉한 품을 가진 호박꽃
성가신 벌의 서툰 희롱 받아넘기며
돌보지 않아도 척척 해내는 앞가림인데

비록 화려하고 우아하지 않지만
이웃집 누이처럼 수더분하고 자애로운데
누가 못생겼다고 놀리는지

너울가지로 뻗은 덩굴에 호박잎
애호박, 늙은 호박
아낌없이 내어주는 갸륵함인데

어머니가 호박죽 쓰시던 날엔
누르지 말라고 주걱으로 천천히 젓는 건 내 담당
달콤한 향은 어린 날 오후처럼 조잘거렸지

진정한 아름다움은 받아들이는 마음이라며
올해도 호박꽃은 또
둔덕에 담장에 사부자기 피겠네

관심의 간격

장미꽃처럼
아카시아꽃처럼
유난히 아름다운 꽃들은
왜 꼭 가시를 품고 있을까

손 닿으려 할 때마다
가시로 찌르겠다는 아찔한 경고
섣부른 다가섬보다
조금 멀찍이 보라는 충고

너를 사랑하는 일은
때론 찔리고도 놓지 못하는
슬픈 아름다움이니까
감당할 아픔을 인내하라는

혹시 너도 그런 마음일까
쉽게 다가오지 말라는 말 대신
가시를 앞세워
너를 오래 보게 하려는 걸까

집착의 욕심보다는
인정하는 간격의 여유로움으로
자신만의 공간을 지켜주는
존중의 관심으로

수국 1

담장 따라 꽃물결로 흐르는 바람
설피꽃밭에 핀 수국 한 송이
햇살이 머물다 간 자리마다
형형색색의 마음이 천천히 번진다

무언가를 오래 기다려본 사람처럼
말없이 고개 숙인 꽃잎
겹겹의 세월이
송어리로 펑퍼짐하게 자리 잡는다

목탁 소리 잦아든 오후
한 노승이 수국 곁에 머무니
그의 손길 닿지 않아도
꽃은 다정히 곁에 앉아 있는 듯

가장 고요하고 아름다운 이야기가
함뿍 피어나는 풍요로움
고봉으로 담은 미소가 오롯이 피어
살가운 마음 건넨다

아카시아꽃

초록 잎새마다 보석처럼 박혀
바람 불면 일렁이는 향기
하얀 나비 떼 내려앉았네

오월의 햇살 아래 피어나는 순정
사무치는 그리움이
아련한 옛이야기를 송이송이 엮네

어린 시절 추억 켜켜이
햇살에 녹아드는 하얀 숨결
이름 모를 기다림이 꽃으로 피네

그대 향기는 꽃내음

조용히 스며드는 아침 햇살처럼
그대 향기는 내 마음에 번진다

바람 한 점에도 실려 오는
달콤하고 부드러운 꽃내음
그건 분명 그대였다

멀리 있어도 느껴지는 따스함
눈을 감으면 더욱 선명해지는 이름
그대여
하루의 시작도 끝도
당신 향기로 물들어간다

한 송이 꽃처럼 고운 그대
내 마음 깊숙이 피어난 봄이다

진달래의 추억

진달래 피던 봄의 언덕
그 시절 내 마음에도
작은 꽃잎들이 피어나곤 했지

어릴 적 산길을 오르며
붉은 꽃 따먹던 기억
입안 가득 번지던 달큼한 봄의 맛

진달래 먹고 물장구치며
해맑게 웃던 동요 속에 친구들
지금은 어디에 살고 있을까?

그 시절 간곳없고 기억만 남아
아내의 입술에서
새삼스럽게 피는 연분홍이 섧다

남의 시선에 갇혀 살아온 삶이
잃어버린 인생의 봄
두견주 한잔에 도는 화색이려나

수국 2

장맛비 스며든 절 담장 아래
함초롬히 핀 수국
푸른빛 분홍빛 자줏빛
변덕 심한 마음 다스려 피었다

햇살에 반짝이며 웃다가
비구름 아래에서는 다소곳이
다채로운 표정들
마음이 먼저 다가선다

토양이 품은 기억으로
다양하게 피어나는 색상들
우리 마음 밭도
본연의 개성으로 어우러졌다

누군가는 푸른 그늘에 멈추고
누군가는 붉은 따뜻함에 머문다
하지만 수국은 모든 색으로
그저 조용히 곁에 있어 준다

변덕스럽다고 말하지 말자
그건 마음이 있다는 뜻이니까
수국은 오늘도
말없이 마음을 건네며
자기만의 속도로 피어난다

5월의 향기 속으로

풀잎 사이로 햇살이 스며들고
바람은 꽃잎을 부드럽게 흔듭니다
모든 것이 숨결마저 초록빛으로 물듭니다

담벼락 위 장미가 불타고 하늘은 드높아
참새 한 마리 날갯짓할 때마다
나른한 오후는 꿈결처럼 흘러갑니다

창 넓은 다실에 앉아 여유로움의 한 모금
5월은 향기로 내 안에 스며
꽃의 표정으로 평안한 미소를 짓습니다

꽃처럼 아름답게 바람처럼 자유롭게
5월의 길목
당신의 하루에도 이 향기 머물길…

할미꽃

따사로운 봄 언덕에 몸 낮춘 꽃을 할미꽃이라 누가 불렀는지
그 이름엔 시간의 숨결이 겸양으로 고여 있다

잔잔한 세월 단아한 자줏빛으로 감싼 꽃잎
드러내지 않은 삶의 오래된 이야기들이 바람결에 흩날린다

세상은 늘 반짝이는 것들만 기억하지만
화려하지 않아서 오히려 오래 눈에 남는 품위로 고개 숙인
할미꽃이
얼마나 많은 봄을 일으켜 세웠는지 우리는 안다

시절의 변방에서도 잃지 않는 다정함으로 우리를 다독이며
피어나고 시드는 자연의 순리를 할미꽃은 묻지 않는다

갈색 추억

가을 이별의 애틋함
낙엽 한 장이 너의 마지막 인사였지

네가 떠나간 쪽을 향한 멍한 응시
마지막 순간에 더욱 찬란했던 아픔이었지

남아 있던 온기마저 흩어지는 가을
메말라가는 잎새처럼 바스락거리는 기억이지

애써 돌아서려 해도 자꾸 아른거리는 네 모습
지나간 시간의 흔적만 아스라이

갈색 추억에 홀로 잠겨
지금껏 너를 떠나보내는 연습을 하곤 하지

철쭉

진달래가 앞서 피어
사람들의 찬사를 받는 동안
너는 한 발 뒤에서
조용히 계절을 기다렸다

바람이 머물다가는 자리
햇살 한 줌이면 족하다는 듯
머문 자리 탓하지 않고
마냥 행복한 미소 머금는다

산기슭 돌 틈 사이
정원석 아래
잎보다 작은 꽃송이를 피우며
말없이 봄을 완성한다

너처럼 살아도 좋겠다
앞서지 않아도 돋보이지 않아도
내가 있어야 할 자리에
차분히 피어날 수 있다면…

무지개

빨, 주, 노, 초, 파, 남, 보
하늘이 여는 문
그 너머로 이어진 빛의 고백
손끝에 닿을 듯
그러나 결코 다가가지 못하는…

어릴 적 우리의 웃음도
학창시절의 문학도의 꿈도
청춘의 열병 앓던 뜨거운 사랑도
수많은 이야기가 담긴 빛의 파장 속
잠시 머물렀던 아름다움이려니

황홀함이 사위어 애틋함만 남아
정겹던 추억 소나기로 쏟아지고 나면
네 맑고 밝은 웃음 햇살처럼 번져
그리움으로 뜨길 바라는 무지개
여린 감성이 순간과 영원을 오간다

겨울 소묘

생명이 있는 모든 것들이 숨 고르기 위해
잠시 멈추어 자신의 안으로 스며드는 계절

나무는 뿌리에 겨울나기의 양분을 간직하려
잎 하나하나를 단풍으로 떨군다

농부도 손에 농기구 대신 따뜻한 찻잔을 쥐고
잠시 계절의 끝을 바라본다

학교의 종소리는 잠들고
학생들은 두꺼운 이불 아래 꿈을 묻는다

휴면 속에 봄을 위한 충전의 준비
때를 기다리며 생체리듬을 조율 중이다

말없이 스쳐 간 얼굴들 지금은 어디쯤일까
눈발로 사부자기 내려앉는 그리움이다

행복은 매일 피는 꽃

행복은 누구도 빼앗을 수 없는
영혼의 권리
순한 마음에 살며시 피어나는 꽃
자신의 가치를 빛으로 다듬고
숨결처럼 정성껏 키워갈 때
아침 햇살처럼 해맑게 피어난다

말없이 견딘 시간 속에
한 줄기 미소로 스며들고
흔들리는 마음을
살포시 안아주는 따스한 격려
행복은 거창하지 않기에
내가 나를 사랑하려 애쓸 때
매일 주어지는 작은 기적이다

은행잎 편지

가을은 애틋함을 품은 작가
은행잎 하나하나가 조심스레 쓴 편지
바람이 펼쳐 놓은 페이지마다
노랗게 일렁이는 따뜻한 숨결이다

길 위에 수북이 쌓인 사연들을
찬찬히 읽어보듯
손바닥에 올려놓고 바라보니
잊고 지낸 추억들이 안부를 묻는다

다정한 이름에 수줍던 웃음 어룽거리는
서툴기만 했던 풋정
전하지 못한 마음 빼곡하게 적어
노랗게 물들인 편지를 슬쩍 건넨다

햇살에 반짝이는 은행나무 잎의 비행
잠시 가을 서정에 흠뻑 빠져드는
아스라한 옛 추억
자투리 그리움을 조각보로 엮는다

봄비

봄 가뭄에 애태우던 모내기 철
마른 들녘을 촉촉이 적시는 봄비에
농부들의 입가엔 젖은 미소가 피어나고
손바닥 같은 논바닥엔 숨결이 돈다

갈라진 입술로 오랫동안 기다려왔던 비
이제야 목을 축이는 풀잎들
잠든 뿌리마다 비의 환희가 스며들고
하늘은 그 모든 것을 부드럽게 품는다

모든 존재의 갈증을 풀어 주는
이 비가 자양분이 되어
들판은 다시 초록의 싱그러움으로
생명의 활력이 넘칠 것이다

무한대의 가치

숫자로는 잴 수 없는 무게가
값으로는 매겨질 수 없는 가치가
당신의 하루에 깃들어 있습니다

당신이 묵묵히 살아온 날 속에서
누군가 살아갈 힘이 되어준 작은 친절
어둠을 비추는 별이 되었습니다

세상은 화려한 성취를 말하지만
진짜 가치는
눈에 띄지 않는 곳에 숨어있습니다

흔들렸던 마음에 비틀거린 하루
그 모든 것을 견뎌낸
당신 자신을 대견하다고 해주세요

언제나 잊지 마세요
당신이 존재하는 이유 중 가장 빛나는 건
표현할 수 없는 무한대의 사랑입니다

당신이라는 특별함

당신의 말 한마디가
내 하루를 다정하게 달래주고
당신의 웃음은
누군가를 위한 기도입니다

커피잔을 내미는 손에 담긴
따스한 배려
말 없는 시간 사이로
내 마음을 읽는 눈빛이 온유합니다

내가 지친 날엔 말없이 옆에 앉아
다독여주는 사람
내가 살아가야 할 이유를
내 안에서 먼저 찾아주는 사람입니다

늘 바쁘고 거친 인생 항로에서
당신과 함께라면
어떤 난관도 이겨낼 수 있음을 알기에
당신은 내 삶에 축복입니다

공감

말없이 마주 앉은 순간에도
당신은 내 안의 울림을 들었지요
단어 하나 꺼내지 않아도
눈빛으로 건넨 이야기를 이해했어요

고요한 침묵이 아니었고
침묵은 외면이 아니었어요
그저 서로의 마음을
조용히 덧입히는 시간이었어요

당신의 눈에 맺힌 슬픔이
내 가슴을 적시고
내 웃음 끝의 떨림이
당신의 손끝을 흔들었을 때

우리는 말보다 깊은 말을 나누었어
그것이 공감이었어요
마음을 건네는
가장 따뜻한 방식이었어요

소중한 아내

가정이 평안하니 모든 일이 순조롭다 했던가
주말이면 네 식구가 오순도순
식탁에 마주 앉아
소박한 행복을 나누고 있다

딸은 아이들 가르치는 선생님이고
아들은 대기업에서 제 몫의 책임을 다하고
나는 제조업체를 이끄는 가장으로
아내는 화목한 가정을 꾸리는 구심점이다

혼기가 지난 장성한 자식들의 모습에
괜스레 속이 타는 날엔
"항상 엄마 덕에 웃음꽃이 피는 거란다"
나와 결혼해 준 아내에게 고마움을 토로한다

가정이란 작은 우주
그 중심에서 가성의 평안을 도모하는 아내여
당신이 웃을 때
우리 집은 행복이 꽃 핀다오

제4부

아버지의 헛기침 소리

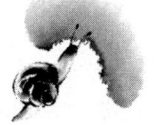

아버지의 헛기침 소리

문풍지 너머 어둠 깊어가면
스르르 감기는 눈
억지로 눈 비벼가며 기다리던
아버지의 헛기침 소리
인사드리지 못하고 자고 있으면
버르장머리 없다고 혼쭐나던
그건, 사랑의 다른 말

싸리문이 삐걱 여닫는 소리 뒤이어
들려오던
반갑고 낯익은 아버지 헛기침 소리에
졸린 눈 비비며 웅얼거리던
"이제 오세요 아버지"
이제는 아득한 기억 속에 메아리친다

굳건한 기둥이었고
다정한 저녁 종소리였던
그 시절 아버지의 헛기침 소리
가끔 몹시도 듣고 싶은 날
울컥, 그리움이 솟는다

제삿날, 어머니를 그리며

오늘도 향불 앞에
가만히 손을 모읍니다.

말없이 웃어주시던 그 얼굴
따뜻한 손길이
연기처럼 피어오릅니다

그립습니다
사랑합니다

시간은 흘러도
마음은 여전히 칭얼거림으로
당신 곁에 머뭅니다

사랑하는 아들, 딸에게

푸른 하늘 너머로
햇살처럼 내려온 너희
내 삶에 스며들며
꽃이 되고 노래 되었지

작은 손에 쥔 꿈 하나
맑은 눈에 담긴 별 하나
걸음마다 희망 피어나
세상이 너희를 닮아가더라

넘어지고 다쳐도 괜찮아
너희 뒤엔 내가 있어
언제든 달려올 테니
두려움은 바람에 날려보렴

아들아 딸아 잊지 마라

아내의 늦깎이 대학 생활

대학의 캠퍼스를 걷는 것만으로도
충만해지는 설렘
늦깎이의 익숙하지 않은 대학 생활이지만
학구열만큼은 모자람 없는 아내
시험의 긴장 때문인지
햇살보다 먼저 일어나 강의록을 펼친다

자식 같은 젊은이들 속에서
그 누구보다도 초롱초롱한 눈으로
교수님 강의에 귀 기울이지만
전공 용어 낯선 개념에 난감해하고
교수님의 농담에 웃지 못하는 머쓱함에도
배움을 놓지 않는 아내가 대견하다

중간고사를 앞두고 결연한 집안의 분위기
창가에 노트북 펼치고 앉아
기억과 씨름하며 매달리는 공부에
"나는 당신을 자랑스럽게 생각해요"
그저 마음으로 응원할 뿐
격려조차 부담될까 봐 조심스럽다

전장에 나서듯 운동화 끈 질끈 동여매는
시험 당일 아침
누구도 대신할 수 없는 자신과의 싸움에서
주눅 들지 않기를
대학에서 배우는 것이
단지 학문만이 아님을 깨닫기를

늦깎이 박사

늦깎이 만학도의 길
주름진 손에 책을 쥐고
밤을 지새운 날들이 쌓여
오늘, 박사학위 받는 날

조용히 웃는 아내의 눈빛
"수고했어요" 말없이 건네는
사랑스러운 공주의 박수
이 순간 모든 것이 보상이다

이제 내 이름 석 자 뒤엔
박사라는 두 글자가 따라오지만
나는 더 겸손해지고
더 많이 베풀고 싶어진다

하늘의 별이 되신 부모님
당신들이 나를 이 땅에 보내주시고
굳건히 살아갈 힘을 주셨기에
이 길 끝까지 걸을 수 있었음에

고맙습니다
숨 쉬는 하루하루가
도전할 수 있는 선물임을
이제야 더 깊이 깨닫습니다

아버지를 그리며

짧고 굵던 그 웃음
따뜻하게 등을 두드리던 손길
산득한 바람 스치는 저녁
당신의 목소리가 들리는 듯합니다

시간이 너무 멀리 흘러가 버렸는데도
여전히 당신을 기다리며
어스름 속에서 한참을 서성이다가
흩어지는 별빛을 붙잡아 봅니다

당신이 없는 세상은 낯설기만 해서
가만히 불러보는 아버지
가슴이 먹먹해지는 그리움이
동구 밖 느티나무로 어둑서니 섰습니다

꿈에서라도 다시 느껴보고 싶은
당신 등에 업혀 잠들던 꿀잠
오늘따라
그 따스한 온기가 마음에 사무칩니다

고구마와 감자

가난을 끼니 삼던 시절
밥을 대신했던 고구마와 감자
동치미 국물 한 그릇에
전분의 텁텁함을 넘기던 알량한 한 끼로
유년기의 허기를 달래곤 했지

쌀밥으로 배 채우는 게 꿈이었던 시절
감자와 고구마를 너무 많이 먹어
진절머리나던 어릴 적 기억 때문에
한동안 거들떠보지도 않았던…

아내가 시장에서 사 왔다며 내민
노릇하게 구워진 고구마
어릴 적 좋아했던 간식이었다며
"맛있어 한 입 먹어 봐"

무춤 엉덩이를 뒤로 빼고
"당신이나 많이 드세요"
얼버무린 그 말에 담긴 굶주림의 기억
나는 여전히 쌀밥에 목을 맨다

부모님 산소

공주 금강 물결 따라
바람결에 실려 오는 어머니 숨결
아버지 굳은살 박인 손길
이곳에서 영원한 휴식에 드셨네

멀다는 핑계로
자주 찾아뵙지 못하는 불효자식
산소 앞에 무릎 꿇고
속죄의 눈물로 대신한다네

허리 한 번 펴지 못하신 두 분
편히 뒷짐 지고 하늘 한 번 바라보지 못한 채
일곱 남매를 위해
평생을 다 바친 눈물겨움이네

가없는 사랑의 깊이와 삶의 무게를
회상에 잠겨 되뇌니
생전의 당신과 닮은 꼴의 모습으로
그 마음을 이제야 깨닫네

그 겨울 점심시간

벌겋게 달아오른 난로 위
양은 도시락 하나둘 탑을 쌓는
점심시간을 앞둔 교실
밑에 것 태울까 조심조심
자리 바꿔가며 공들여 데운다

반찬이라곤 김장김치 몇 조각
새어 나온 김칫국물
꽁보리밥 도시락이 창피해
뚜껑 조금 열고 야금거리지만
시큼한 냄새는 감출 수 없다

배고픈 만큼
서로의 온기에 익숙했던 점심시간
잊지 못할 친구들
지금은 어디서 무엇을 하고 있을까

꽁보리밥

연탄도 없던 시절
장작불 피워 까맣게 그을린 솥에
된장 한 숟갈 풀던 어머니

마루 밑 찬바람도
국물 속으로 보글보글 녹아들던
어릴 적 꽁보리밥 한 그릇

찌개에 달랑 생선 한 마리
우거지에 국물만 가득
생선을 넣었다는 시늉만이 남는다

밥 한 그릇이 세상의 가장 큰 위로임을
이제야 깨닫는다
돌아보니 그 시절이 내 삶의 뿌리였음을

꽁보리밥이라도 배불리 먹이고 싶었을
어머니의 마음을
시장통 꽁보리밥 집에서 뒤적거린다

무대 위 주인공은 나

누군가의 시선에 흔들리던 날들
무대 뒤 어둠 속에 숨어있던 나
세상의 박수는 늘 남을 향했지만
이제야 알겠어
인생은 나의 연극이란 걸

주연은 언제나 나여야 했고
조연의 삶은 나를 숨기게 했지
넘어진 장면도
눈물의 대사도
모두가 나를 빛내는 한 장면이었어

비록 조명이 꺼진 밤이 와도
나는 내 이야기를 쓸 준비가 되어있어
남이 정한 각본은 내려두고
이젠 나만의 무대를 만들어가리

내 삶의 주인공으로
가장 진실한 모습으로 서리라
세상에 단 하나뿐인 무대 위에서
나는 나 자신으로 찬란히 빛나리라

사랑의 메아리

사랑은
먼 계곡을 울리는 메아리처럼
한마디 속삭임에도
마음 깊이 되돌아오는 것

너의 눈빛이
내 가슴에 닿을 때
나는 조용히
그 떨림을 되돌려 보내네

바람이 스친 자리에 맴도는
떨림의 여운
우리는 말 없이
서로를 안아주는 메아리

멀리 있어도
닿을 수 없는 거리라노
너의 소리가 내게 머물면
나는 나지막이 대답하리

"여기 있어
언제나 너의 메아리로"

인연 5

금세 뜨거워졌다가 금세 식어버리는
양은 냄비 같은
한때는 전부인 양 호들갑스럽다가도
이내 등 돌리고 마는
그런 가벼운 인연이 아닌

진심의 온기를 오랫동안 품는
뚝배기 같은
뜸 들여 찰지게 하는
가마솥 같은
그런 진중한 인연이고 싶은

말 한마디 없어도
마음이 먼저 알아차리고
멀리 있어도
늘 옆에 있는 것처럼 따뜻한

쉽게 오지 않아 더 귀하고
더 깊어지는 믿음으로 오래 머무는
그런 인연 하나
오래도록 그리워하고 있다

홀로 마시는 그리움 한잔

저녁이 고요히 창문을 닫고
내 안의 불빛 하나 켜질 때
더욱 커지는 당신의 빈자리입니다

천천히 달빛에 녹아들고
외로움에 점차 익숙해질 때면
따스한 차 한 잔을 놓고 마주합니다

침묵에 익숙해진 흐릿한 기억
익숙하게 우려 마시면
한 모금의 위로가 우련하게 번집니다

당신 없는 오늘을 비워냅니다
내일쯤이면
나는 조금 더 쓸쓸함에 무뎌질까요

같은 방향을 보는 사람

말없이 걷는 길에 당신이 내 옆에 있다는 건
말보다 깊은 언어 하나를 나누고 있다는 뜻입니다

창가에서 같은 풍경을 바라볼 수 있다는 건
마음의 창문이 비슷한 쪽으로 열려 있다는 것입니다

당신이 웃을 때 나도 따라 웃게 되는 건
당신의 세계에 내 마음이 닿아 있다는 신호입니다

함께 있다는 건 단순히 곁에 서 있는 일이 아니라
같은 숨결로 시간을 지나고 있다는 것입니다

서로의 고요를 방해하지 않아 침묵조차 포근한 사람
그대가 있어서 오늘도 나는 행복합니다

눈빛 하나로 괜찮다고 다독여주는 사람이 있기에
살아간다는 것이 축복인 지금입니다

곁에 있어 좋은 사람

좋아서 곁에 있는 사람이 아니라
곁에 있어 좋은 사람
말보다 침묵이 편안해지는 매 순간
당신은 내게 조용히 스밉니다

햇살 좋은 날에도 비 오는 날에도
같은 자리에 같은 눈빛으로
내 하루를 견디게 하는 웃음으로
살포시 내 마음을 덮어줍니다

옆에 있다는 사실만으로 위로가 되고
눈부시게 특별한 것도 없이
그저 곁에 머물러주는 그 마음이
내겐 가장 따뜻한 언어가 됩니다

인연의 익숙한 숨결로 마주한
저녁 식탁의 평안함으로
삶의 여백에 시나브로 스며드는 시간
덕분에 나는 오늘도 괜찮습니다

망각의 피안彼岸

가슴 시린 사연에 눈가 짓무르는
절절한 아픔도
상심의 뒤안길에서 굳은살이 박인다

불면의 절절한 그리움조차
시간의 흐름 속에 씻겨
희미한 애증의 잔영으로 남는다

망각은 은둔의 도피가 아닌
닫힌 창 너머의 또 다른 세상을 위해
조용히 문을 열어두는 일이다

잊는다는 건
이제 울지 않겠다는 결심이 아닌
다시 사랑하려는 준비이다

그리움이 퇴색한 자리에
햇살은 천천히 들고,
상처의 자리에 새싹이 돋는다

그렇게, 세월의 치유에 맡겨두는
망각 저편의 피안
속절없는 기약으로 인생이 저문다

우렁이 어쩌면 우렁각시

논에서는 해충을 잡는 병사로
때로는 날아든 철새의 한 끼 식사로
누군가의 식탁에 별미로
새끼에겐 제 살 떼어 먹이는 부모로

다음 생명을 위한 극진함
결국, 남은 것은 텅 빈 껍데기뿐
생은 죽음 속에서 다시 태어나
또 다른 삶을 이어간다

열악한 처지의 천대에도
한없는 지극정성의 생을 사는
이 작은 생명 앞에서
문득 경외감에 고개를 숙인다

호국의 달 유월을 맞이하며

저 푸른 하늘에 고요히 반짝이는
이름 모를 별 하나
그대였을까
젊은 날의 봄을 묻고 간 이여

전하지 못한 전사자의 유언 품고
산야를 떠도는 유월의 바람
그리움은 야생화처럼
기억의 가슴에 숭고하게 피어나오

어느 이름도 잊지 않으리
어느 희생도 헛되지 않았으니
누리는 번영과 평화
그대들이 지켜낸 희생의 몫이오

조용히 고개 숙여
호국영령의 고귀한 죽음을 추모하오

사랑, 천만 번 불러도 좋을

천만 번 불러봐도
처음 입에 올린 듯 떨리는 언어, 사랑

이름 아닌 이름처럼
바람에도 햇살에도 소리 없이 묻어오는

혼잣말처럼 흘러나올 때도
눈동자 깊은 곳에 작은 등불로 켜져 있는

지친 하루 끝에도 느껴지는 마음의 온기가
가만히 스미어 따뜻해지는

그리하여 기꺼이
그 모든 순간을 사랑이라 부르리

제 5 부

여백의 탐구

여백의 탐구

무언가 채우기에 바쁜 일상 속
문득 올려다본 하늘
무궁한 여백의 공간이 펼쳐져 있다

말하지 않은 이야기
그리지 않은 풍경
숨겨진 감정이 구름으로 떠돈다

동양화의 붓끝에서 탄생하는 여백
세세하게 그리지 않은
수많은 상상이 숨 쉬고 있다

여백은 비어 있음이 아니라
아직 발현하지 않은 무한의 가능성이
숨 고르는 여유로움이다

삶의 급변하는 흐름 속에서
잠시 멈춰 자신의 존재를 확인하는
억지로 채우지 않은 공간이다

쓰이지 않은 시

끝끝내 하나의 문장도 되지 못한 채
마음으로 만지작거리기만 하던
차마 담지 못한 마음의 망설임이었다

흔해서 닳고 닳은 "사랑해"란 고백
수시로 여닫는 생각의 서랍 속
웃자란 그리움이 남몰래 읽어보곤 한다

연모의 애틋함만 절절한 유치함 때문에
마음속 어딘가에 접어둔
마침표 없는 주저리가 객쩍다

허기라는 식탁

속이 텅 빈 것 같은데
무얼 잃었는지도 영문도 모른 채
자꾸만 손이 가는 공허함
영혼이 허전한 날엔
말 대신 되뇌어 씹는 침묵이다

갈망을 재료로
상상으로 요리하는 인생
사색이란
꿈을 뜸 들이는 시간이기에
허기가 보채는
설익은 감성을 추궁하지 않는다

익숙한 입맛이 아닌
새로운 맛에 골똘히 집중하는 사이
창의적인 허기로 허겁지겁
무엇인가를 채우기보다는
본연의 의미를 음미할 것이다

내비게이션

경로 이탈하면 재설정하고
안내자 역할을 훌륭히 수행하는
내비게이션
현대인에겐 이제 필수품이다

산업의 발달과 도시화 속에서
도로는 거미줄처럼 얽히고
더 이상 직감으론 갈 수 없는 길들
차선은 미로가 된다

인생에도 이런 내비게이션이
있다면 얼마나 좋을까
이정표도 없는 불확실한 삶의 행보에
마음 방향을 짐작할 수 있도록

결정해야 하는 수많은 선택 앞에서
누군가가 말해줬으면 좋겠다
실패의 갈림길에서 지금 좌회전하면
"좌절을 피할 수 있습니다"

흘러가는 것들에 대하여

숨결처럼 가벼운 흰 구름 하나
어디론가, 바람의 마음을 따라 떠난다

붙잡을 손 하나 없이
누구의 눈길에도 얽히지 않고
그저 흘러가는 일에
자기만의 고요를 얹는다

햇살 살포시 머물다 가고
새들 자유로이 노니는 평화로운 풍경
망연히 바라보다가
의식의 경계를 넘나든다

무엇을 이루지 않아도
흘러가는 것 자체로 충분할 수 있다면
조금은 흐릿해져도 잊혀도 괜찮으니
뜬구름처럼 유유자적 노닐고 싶다

바람의 전언

어디에서 와 어디로 가는지
알 수 없는 바람
내 마음 전하려고 널 기다리지

저녁노을 번질 때면
기억 더듬어 맞잡아보는 손길
참으로 따스하지

그리움 머무는 곳 어딘지 몰라도
가슴앓이의 사연
바람결에 띄워 보내곤 하지

밤이면 별빛으로 꾹꾹 눌러 쓴
못다 한 고백의 편지
그대의 창가에 놓아두곤 하지

바람에 나뭇잎 부스럭거리면
행여 네가 찾아왔나
마음의 창 열어 내다보곤 하지

거슬러 오르는 이유

거친 물살이 등 떠민다
힘겨운 고행이니 돌아가라고
그러나 포기할 수 없음은
물결 너머 기다리는 시작이 있음을

피로 물든 지느러미를 흔들며
수없이 부딪히고 꺾이고
목 끝까지 숨이 차올라도
멈출 수 없는 본능적인 몸부림으로

부활의 기적이 잉태되는
생명의 강에선
다음 생을 위한 기꺼운 희생이기에
죽음조차 희망이 된다

살아있다는 것을 증명하기 위해
거슬러 오르는 숙명의 연어처럼
운명에 떠밀리지 않으려
인생과 온몸으로 투쟁 중이다

인생의 새벽

세상은 늘 갑작스럽다
문득 열리는 문처럼
예고도 없이
삶은 순간의 틈을 비집고 들어온다

누구보다 일찍 열리는 그의 새벽은
성실한 생의 개척자로
새로운 삶의 좌표를 설정하고
어제의 미련을 조용히 개어 넣어본다

책상 위 먼지를 털고 창문을 연다
빛이 닿기 전의 공간에 손을 얹고
내일이 놓고 갈지 모를 고난의 무게를
미리 짊어질 연습을 한다

슬픔이 와도 앉을 자리를 마련하고
기쁨이 와도 놀라지 않도록
웃음 한 줌 눈물 한 방울
그 모두를 담을 그릇을 준비한다

침묵이 무거운 날엔
나지막한 노래 하나쯤 외워두고
혼자인 밤이 길어지면
불빛 아래 놓아둘 문장 몇 개 챙긴다

그는 안다
준비하는 사람만이
삶의 우연을 품에 안을 수 있다는 것을
조용히 받아낼 수 있다는 것을

그래서 오늘도 그는
누구보다 일찍 창가에 앉아
하루의 문이 열리기 전
가장 고요한 시간에 마음을 씻는다

그리하여
무너지는 세상 속에서도
마지막까지 사람으로 남기 위해
그는 준비한다

모닝커피

하루는 조용히 열린다
따뜻한 커피 한잔
두 손에 감싸 쥐면
작은 햇살이 마음을 데운다

김이 피어오르는 잔 위로
졸린 눈빛도 천천히 맑아지고
창문 너머 새소리처럼
평온한 숨이 가슴에 내려앉는다

달콤한 향기 속에 스며든
어제의 피로 오늘의 다짐
커피는 말없이 내 곁에 앉아
작은 평화를 속삭여 준다

빠른 하루가 기다리고 있어도
이 순간만은 천천히
따뜻하게
나 늘 안아주는 시간이다

사랑의 거리

사랑도 나무처럼
너무 가까우면 빛을 가리고
너무 멀면
바람에 외로워진다

적당한 거리란
서로 숨소리를 느낄 수 있으면서도
잎새 하나쯤은
바람에 흔들리도록 비워두는 것

손끝에 닿지 않는 그대의 마음이
더 선명히 느껴지는 건
언제나 조금 모자란 거리 덕분이었다

사랑이란
서로를 위해
자라는 방향을 조용히 허락하는 것
서로가 틈을 내어주는 것이다

비 오는 날의 기도

조용히 읊조리는 낙수의 기도
눈물의 간절함이다

젖은 마음 말릴 수 없다면
이 순간이
흠뻑 젖도록 두고 볼 일이다

처연한 마음 씻어주는 빗줄기
넋 놓고 바라보자니
스르르 번지는 평안이다

다정한 위로인 양
애살스레 토닥여주는 손길이
기도처럼 경건하다

고수와 하수

하수는 길을 가늠하고 또 가늠하길 번복한다
한 발 내딛는데도 망설이고 멈춘다

고수는 길을 보되 하늘도 본다
믿음을 대신할 준비로 자신의 행보에 확신을 갖는다

하수는 팔랑귀라 남의 말에 현혹된다
풍문 속 고장 난 나침반을 들고 헤맨다

고수는 말보다 냉철함을 벗 삼는다
충분한 검토를 판단의 기준점으로 삼는다

하수는 넘어지면 땅을 탓하고
고수는 넘어져도 의연하게 일어설 뿐이다

하수는 완벽을 찾아 떠돌기만 하고
고수는 불완전 속에서 방법을 찾아낸다

그게 차이다

안개 속 실루엣

안개가 피어오른다
새벽의 숨결처럼 조용히

그리움의 실루엣으로
희미하게 떠오르는 얼굴

만져질 듯 다가서면
한 발 뒤로 물러서는 실체

잊지 못할 기억을 품고
모호한 기대를 견뎌내는 일

나는 문득 두려워진다
안개가 걷히고 나면
너도 사라질까 봐
그래서 기도한다

이 길이
조금만 더 흐리기를
네가 더 오래 머물 수 있도록

잔치국수와 비빔국수

잔칫날에 빠질 수 없는 국수
따뜻거나 차가운 육수
고명으로 얹은 파와 계란, 김 부스러기
후루룩 목 넘김이 일품이다

새빨간 양념에 비벼진 비빔국수
매콤한 맛의 전율
젓가락에 휘감아 올리면
수라상의 한 끼가 부럽지 않다

맑은 날엔 잔치국수
비 오는 날엔 비빔국수
입맛 따라 기분 따라
선택한 별미의 색다름이 맛깔스럽다

오늘 점심은 잔치국수이다

인생의 커브길

고속도로를 달리다 보면
한없이 펼쳐진 직선 위에서 밀려오는 졸음
끝을 알 수 없는 반복의 풍경 속
우리는 잠시 자신을 잃기도 하지

커브, 그 부드러운 곡선 앞에서
정신을 차려 조심스레 핸들을 잡고
생의 리듬을 복원하지

한 줄 직선으로는 그려지지 않는 인생
사랑도 그리움도
잃음도 다시 얻음도
삶의 굽이에서 만나는 것이지

커브 길을 돌아 마주한 풍경처럼
예기치 못한 순간에 만나는 자기 자신
돌고 도는 굴곡 속에
삶의 숨결이 깃들어 있는 것이지

때로 느리게 때로 흔들리더라도
생의 굽잇길에서 내 삶의 방향을 배우며

이별의 덫

혼자라는 걸 깨닫는 그 순간
이별은 예고 없이 찾아왔다

사람들 틈에서 아무 일 없다는 듯
억지웃음으로 하루를 버티지만
그 웃음이 명치를 찌를 때마다 아프다

밤이면 도지는 불면의 열병
반복 재생되는
"잘 지내"라는 마지막 인사가
불화살로 심장에 박힌다

매일매일 나 아닌 낯선 내가
퀭한 눈빛으로
가슴 헤집어 덧내는 상처
미련의 늪으로 자꾸 빠져든다

이별 잦은 세상에서
잊을만하면 찾아오는 불청객이다

경청

누군가의 말이 마음에 닿기까지
조용히 문을 열어두는 일입니다

말을 잇기 전에 망설이는 숨결
그 불안한 틈마저 품어주는 일입니다

고개 끄덕임으로 안심의 눈빛으로
다정한 다리를 놓는 일입니다

편안한 질문 하나가
경계의 마음을 열기도 하는 일입니다

말의 의도가 어떤 결말로 안내하는지
함께 걸어보는 일입니다

미리 예단하지 않고 결론을 적지 않은
첫 페이지가 되는 일입니다

너를 만난 행복

네가 내 하루에 스며든 뒤로부터
모든 것이 달라 보이고
햇살 한 줌에도 저절로 웃음이 나지

네 손을 잡고 걷는 순간
평범했던 골목길도
특별한 풍경이 되는 기적의 경험이지

차 한 잔의 따스함도
네 눈빛이 닿으면
봄날처럼 환희로 마음에 스며들지

함께 있으면 멀어지는 세상의 소음
짧은 인생 속에서
가장 확실한 행복이 너이기 때문이지

용서

용서는 남을 위한 것이 아니다

가슴속에 박힌 말의 조각
침묵의 파편을 하나씩 꺼내어
내 안을 치유하는 일이다

네가 아니라
내가 더 이상 아프지 않기 위해
내가 더 이상 붙잡히지 않기 위해

나는 너에 대한 분노를 놓는다

용서는
내가 나를 살려내는 길이다

자유로울 때가 아름다운걸

바람은 묶이지 않아 멀리 가고
흐르는 물은 가두지 않아야 더 맑다

누가 보지 않아도 피는 들꽃처럼
누가 묻지 않아도 웃는 아이처럼
뜻도 무게도 없이
단지 살아 있으므로 눈부신 시간
달력에 적히지 않은 하루
목적 없는 발걸음
그 안에 숨겨진 진짜 나를 본다

붙잡지 않아 더 소중한 것들
존재는 그 자체로 충분하다는 걸
자유로울 때 그제야 알게 된다

해설

결론을 향한 의지적 차원,
작은 울림 큰 공감
― 윤경로의 시 세계

정익진 [시인]

윤경로 시인은 자신의 시에 대한 생각을 시인 자신이 쓴 '작가의 말'에 상세하게 피력하고 있다. 그러므로 윤경로 시인이 쓴 작가의 말은 시인의 시가 전하고자 하는 주제라고 해도 무방하다. 시인이 쓴 작가의 말을 읽는다.

세상은 빠르게 흘러가고 말들은 점점 가벼워집니다.
그 속에서 나는 아주 느린 걸음으로 작고 조용한 것들의 속삭임에 귀를 기울이고자 했습니다.
삶의 틈에서 피어난 이 시들은 어쩌면 잊혀졌거나, 지나쳐버린 것들의 작은 울림일지도 모릅니다.

부서지는 햇살 찻잔의 온기 바람에 흔들리는 풀잎의 떨림까지 그 모든 사소하고 연약한 것들이 내게 말을 걸어왔습니다.
이 시집은 그 속삭임을 모아 엮은 조각보 같은 책입니다.
눈에 잘 띄지 않는 것들이 내게 건넨 진실을 놓치고 지나온 마음의 풍경을 조심스레 펼쳐 보이고 싶었습니다.

이 조용한 책 한 권이 읽는 이의 마음에 작은 울림으로라도 닿을 수 있다면 하는 바람입니다.

읽어 주시고 마음에 담아주신다면 그보다 더한 기쁨은 없을 것입니다.
모든 이들의 내면에도 오래도록 따뜻한 속삭임이 머물기를.
고맙습니다.
- 「작은 것들이 내게 속삭였다」 전문

 윤동주 시인의 '서시'의 2연 2행, "모든 죽어가는 것을 사랑해야지" 이 한 문장이 떠오른다. 한 줄, 한 줄이 너무나 유명한 시이기 때문에 설명이 필요 없겠지만, 이는 생명에 대한 지극한 사랑을 의미한다. 가을이 되어 나뭇가지에서 떨어져 굴러가는 낙엽을 보며 퇴락해 가는 생명에 대해 연민을 느끼는 마음을 더욱더 심도 있게 표현한 말이라고 생각한다. 이와 마찬가지로 윤경로 시인이 쓴 작가의 말도 그 궤를 같이한다. 작가의 말, '작은 것들이 내게 속삭였다'는 말 그대로 크고 거창하고 화려한 외관보다는 작고 연약하고 그늘 속에 잠겨있는 존재들에 대한 깊은 애정의 표현이며 더불어 이들과의 연대와 소통을 강조한다.

 작은 존재들이 작은 목소리로 속삭이는 소리를 들으며 응답하고자 하는 마음에서 윤경로 시인의 시가 시작된다. 그리고 시인의 시를 읽어가다 보면 작은 것들에 대한 믿음이 의지적 차원으로 드러나는 점을 목도 할 수 있다. 작은 것들에 대한 가치에 동조하고 그 가치에 대한 믿음과 의지를 정의한다. 이들의 가치는 일상 속 소소한 즐거움과 감사하는 마음에서 생겨난다. 무심코 지나칠 수 있는 작은 것들, 한 줌의 햇살과 바람, 풀벌레의 노래, 파도의 낮은 숨결, 풀꽃들의 속삭임, 따뜻한 말 한마디와 작은 친절과 배려, 도움 등등이 모여 큰 행복 주머니를 만들어 낸다.

노자의 도덕경에도 "행복은 작은 것들에 있다."는 말이 나온다. 이 말은 간소하면서도 깊은 노자의 인생철학을 담고 있다. 작고 조용한 것들의 속삭임에 집중하기 위해서는 섬세한 눈길과 귀 기울임이 필요하다. 마음 가는 곳에 몸이 가듯이 특별한 애정이 없이는 보이지도 들리지도 않을 것이다. 조용한 것들과 작은 것들의 속삭임은 큰 공감으로 다가온다. 오래된 기억처럼 마음 깊은 곳까지 그 아름다운 파장을 전달한다.

작은 그릇들이 달그락거리는 소리와 어둠이 말하는 소리는 주변의 고요함과 함께 떨림으로 다가온다.

1. 조용한 것들의 울림

손끝에 닿는 말랑한 어둠
명상의 물레를 돌려
희망의 질그릇 빚는다

모난 마음은 눌러 다듬고

> 미련의 기억은 반죽하여
> 이름도 없이
> 형태도 없이
> 그저
> 누군가의 밥상에 놓일
> 작은 그릇이 되기를
>
> 사유의 점토 한 덩어리
> 끈기의 손끝에서
> 내가 빚어지는 중이다
>
> ―「나를 빚다」 전문

 어둠을 빚는 소리가 조용히 들려온다. 손끝에 어둠이 느껴지기까지는 얼마만큼의 침묵이 지속되어야 할까. 위의 시에서 말하는 '말랑한 어둠'은 시인의 손길에 의해 빚어지는 점토 한 덩어리이다. 한 덩어리의 미지라고 해도 무방하다. 시적 화자가 점토를 빚으며 무엇인가를 만드는 과정일 것이다. 그 빚는 대상은 작고 소박한 그릇 종류이다. 점토를 준비하고 원하는 모양으로 빚은 후 건조 및 채색하는 과정을 거친다. 단지 이러한 단순한 과정을 거치면서 위의 시의 화자는 스스로가 빚는다는 엄청난 시적 발상을 생산하는 동시에 철학적 사고의 틀을 형성한다.

 나를 빚는다는 것의 의미는 무엇일까. 나를 빚는다는 것은 나 자신이 일정한 형태를 가지고 있다는 말이다. 사진 속에 나타난 혹은 거울에 비치는 자신의 모습일 수도 있겠지만, 시각적인 외형만이 진정한 자아일 수 있을까. 오히려 진정한 자신은 외적인 요소보다는 내적인 모습에서 생겨나는 것이 아닐까. 자신의 내면을 들여다보며 이를 빚는다는 것은 생각보다 쉽지 않다. 자신의 내면으로 들어가기 위해서는 자신에게 발생하는 아주 작은 떨림이나 울림을 감지해야만 가능하다. 어둠의 소리가 들려오는 어둠 속에서 오랜 침묵을 견딜 때 어둠의 문이 서서히 열릴 것이다.

장맛비 스며든 절 담장 아래
함초롬히 핀 수국
푸른빛 분홍빛 자줏빛
변덕 심한 마음 다스려 피었다

햇살에 반짝이며 웃다가
비구름 아래에서는 다소곳이
다채로운 표정들
마음이 먼저 다가선다

토양이 품은 기억으로
다양하게 피어나는 색상들
우리 마음 밭도
본연의 개성으로 어우러졌다

누군가는 푸른 그늘에 멈추고
누군가는 붉은 따뜻함에 머문다
하지만 수국은 모든 색으로
그저 조용히 곁에 있어 준다

변덕스럽다고 말하지 말자
그건 마음이 있다는 뜻이니까

수국은 오늘도
말없이 마음을 건네며
자기만의 속도로 피어난다

- 「수국 2」 전문

 굳이 수국이 아니라도 한쪽에 피어있는 몇 송이 꽃을 보노라면 고즈넉한 분위기를 느낄 수 있다. 거기에다 비까지 내려 주변을 더욱 고요하게 적신다. 수국에 대해 주로 알려진 정보는 토양에 따라 수국의 색깔이 달라진 것 정도이다. 토양이 산성에서 중성으로 변해갈수록, 보라색, 자주색, 옅은 자주색, 분홍색으로 변한다. 인용시에서도 화자는 수국의 색깔에 대해 언급하고 다양한 시적 변주를 사용해 다채롭게 묘사한다. 수국 자체는 우아하고 화려하지만 조용한 꽃으로 그려낸다. 수국水菊은 이름 그대로 '물을 품은 꽃'이기에 다량의 물이 필요하다.
 위의 시가 묘사한 대로 비를 맞는 수국의 모습은 한없이 낭만적이며 한편으론 아련하다. 이 때문에 사진작가들의 사랑을 독차지하고 인용시와 같은 문학 작품을 통해 서정적인 의미를 드러내기도 한다. 물을 좋아한다는 말은 라틴어로 '물 그릇'이란 뜻이다. 가까운 나라 일본에도 수국이 많다. 미스사오리, 치쿠의 바람, 만화경, 미카의 물떼새 등

재미있는 이름으로 부른다.

  수국처럼 우아하진 않지만, 그 쓸모에 있어 단연 앞자리를 차지하는 호박, 그 호박꽃 핀 곳으로 향한다.

2. 잊혀버린 것들의 소리

    세상 가장 넉넉한 품을 가진 호박꽃
    성가신 벌의 서툰 희롱 받아넘기며
    돌보지 않아도 척척 해내는 앞가림인데

    비록 화려하고 우아하지 않지만
    이웃집 누이처럼 수더분하고 자애로운데
    누가 못생겼다고 놀리는지

    너울가지로 뻗은 덩굴에 호박잎
    애호박, 늙은 호박
    아낌없이 내어주는 갸륵함인데

    어머니가 호박죽 쓰시던 날엔
    누르지 말라고 주걱으로 천천히 젓는 건 내 담당
    달콤한 향은 어린 날 오후처럼 조잘거렸지

    진정한 아름다움은 받아들이는 마음이라며
    올해도 호박꽃은 또
    둔덕에 담상에 사부지기 피겠네
                         -「호박꽃」 전문

화자는 호박꽃은 어머님의 품같이 넉넉하다고 말하며 고급화장품으로 덕지덕지 꾸민 외형보다는 내적 아름다움이 더 중요하다는 의미를 강조한다. 장미나 백합, 튤립과 같은 꽃들처럼 우아하진 않지만 이들에게는 없는 호박이라는 결실을 우리에게 내어준다. 단호박, 애기 호박, 늙은 호박 등등에서 부활하는 풍성한 먹거리를 맛볼 수 있어 먹는 즐거움을 만끽한다. 누구를 막론하고 호박죽을 거부할 수 있는 사람은 없다. 특히 어머니께서 쑤어준 호박죽의 맛을 어찌 잊을 수가 있겠는가.

이 과정에서 시적 화자의 역할도 있다. 죽의 완성을 위해서는 죽을 잘 저어야 하는데 그 담당이 시인 자신이다. 우리의 먹거리 중 상당수가 잊혀가는 와중에도 호박죽이나 호박잎은 여전히 건재함을 과시한다. 호박은 처음부터 끝까지 버릴 것이 없다. 우리의 기억 속에 가장 오래도록 남는 것이 음식의 맛이다.

가령, 비 내리는 어느 날 가족과 먹었던 해물파전, 소풍 갔을 때 어머님이 싸주신 도시락, 이처럼 음식의 맛과 향은 예전 기억을 떠올리는데 효력을 발휘한다.

아욱국의 맛도 우리의 뇌리에 오랜 시간 자리한다.

가을이면 어김없이 떠오르는
어머니가 끓여주시던 푸른빛 고운 아욱국

요즘 엔간해선 보기 힘든 아욱

어쩌다 시장 한구석에서 눈에 띄기라도 하면
오래된 누군가를 만난 것처럼
반갑게 몇 단 챙겨 콧노래까지 얹는다

큼직한 냄비를 꺼내 익숙하게 된장 풀고
어머니의 손맛 은근히 끓여내는 아내
구수한 냄새가 퍼지면 어느새 응석받이처럼
주방 근처를 서성이는 그리움이다

맛있고 귀해 문 잠가놓고 먹었다는 아욱국엔
나의 철부지 시절도
어머니의 고단한 생을 물려받은 아내의 손맛도
고스란히 담겨있다

-「아욱국」전문

 아욱국도 역시 어머니가 해주신 아욱국의 맛을 따를 수가 있을까. 텃밭에서 키운 아욱, 호박, 시금치로 국을 끓여 주셨고 겨울엔 시래깃국이나 김칫국을 끓였다. 다른 반찬이 없어도 국만 있으면 만사형통이었다. 아욱국의 맛도 어머니 代에만 머무르지 않고 대대손손代代孫孫 그 맛이 전해지길 바란다. 이같이 음식과 관계된 기억은 인간의 생존본능에 속하기 때문에 머릿속 깊은 곳에 새겨진다.
 미국의 흑인사회에서도 전해 오는 음식을 가리키는 말로 컴포트 푸드(comfort food), 혹은 소울 푸드(soul food)라는 말을 사용한다. 모두 물질이 아닌 영혼으로 통하는 음식이라는 뜻이다. 사람마다 그 음식의 대상과 취향이 같지 않겠지만 우리의 옛 음식은 모두가 편안한 음식이고 서로의 마음을 나누는 대상이었다. 먹거리에 대해 아쉬움이 있을 때 그 욕구를 해결해 주었던 음식들, 그 맛과 향에 대한 절박함 때문이랄까. 우리의 세포 속에 그대로 투영되고 기록되어 오랜 시간이 흐른 지금도 그 맛과 향을 접할 때면, 즉시 그 추억들이 떠올라 회상에 잠긴다.

급변하는 이 시대에 수박 서리를 기억하고 체험한 사람은 그리 많지 않으리라 생각한다.

반딧불이 순찰하는 시골 여름밤
달빛 어슴푸레 꼬맹이들 숨겨주고
개울물 소리가 감춰주던 부스럭거림
미끄덩한 고무신 벗어 던지고
맨발로 밭두렁 타고 넘을 때
심장은 북처럼 뛰고
친구 눈빛은 두려움으로 반짝였다

"야 조용히 해라"
속삭임은 바람처럼 흩어지고
드디어 찾은 한 아름의 수박 하나
들키면 혼쭐날 줄 알면서도
그 단맛을 어찌 참을 수 있으랴
돌로 깨트려 반 쪼개어
별빛 아래 쪼르르 앉아 나눠 먹던
그 달고 시원한 죄罪

열대야의 기승에
마트에서 사 온 수박을 썰다가
생각난 어릴 적 기억
맘 졸이던 개구쟁이들의 무용담을
그 달콤한 두근거림을 한입 베어 문다
- 「수박 서리 그 여름밤」 전문

'수박 서리'는 누구라 다 해볼 수 있는 그러한 체험이 아니다. 도시에 자란 아이들은 친구나 친지들이 시골에 살지 않는 한 시골 경험을 하기 어렵다. 원두막에서 수박밭을 지키는 주인의 눈을 피해 몰래 숨어들어 탐스러운 수박을 서리할 때의 그 서스펜스와 스릴을 어찌 잊을 수가 있겠는가. 거기에다 밤하늘의 별빛마저 우리 편이었다. 수박들이 마트에 혹은 트럭 위에 아무리 많이 쌓여있어도 서리한 수박과 비교한다는 것은 무리다. 수박덩이 하나씩을 가슴에 품고 밖으로 빠져나올 때 원두막 주인의 고함이 아직도 들려오는 듯하다.

현대사회는 정보통신 기술의 발달로 정보가 구석구석 퍼져가며 사회가 변화하는 속도가 빨라졌다는 것은 두말할 나위가 없다. 특히, 핸드폰에 중독은 심각한 지경에 이르렀다. 그 외 세계화, 경쟁 심화 등으로 인해 어느 때보다 훨씬 빨라진 사회 변화와 생활 방식, 유행의 주기 단축, 신상품의 빠른 등장, 일상생활에서의 부주함, 미래 예측의 어려움 등등의 요소들이 속도전을 더욱 부추긴다. 심리적으로도 조급함과 무기력함을 느끼기에 충분하다. 이런 상황에서 느림의 미학을 찾는 것이 무엇을 의미하는가.

3. 느린 것들의 노래

가야 할 곳이 있는 달팽이는 걸음을 멈추지 않는다
느려 답답할지 몰라도 그 세상은 한 뼘 한 뼘이 온 우주다

이슬 맺힌 풀잎 위를 지나며 하루를 다 쓰는 그 마음
초록 그림자 아래 조용한 결의의 발자국이 남는다

천 리 길도 한 걸음부터인걸
조급함보다 중요한 건 멈추지 않는 것이라는 걸 강의 중이다

햇살이 내리쬐고 바람이 자꾸만 앞질러 가도
달팽이는 자신만의 계절을 살아간다

속도보다 방향을 결과보다 과정을 안고
묵묵히 나아가는 등에 결연한 의지를 매달았다

세상은 빠르게 흘러가지만 느림에는 느림만의 노래가 있다
그 느린 노래가 당신에게도 나직이 들려오기를…

– 「느린 걸음의 노래」 전문

카프카의 작품, '변신'의 주인공, '그레고르 잠자'가 하루 아침에 벌레 한 마리로로 변신한 것처럼 우리 자신이 한 마

리의 달팽이가 되면 어떤 일들이 벌어질까. 마음은 급해서 빨리 달리고 싶은데 나는 어찌 된 영문인지 제자리에서 조금도 나아가지 못한다. 생각은 하는데 생각대로 되지 않고 마음은 가는데 몸이 따라주지 않는 경우와 유사하다. 모두가 달팽이가 되어, 거북이가 되어, 혹은 나무늘보가 되어 이 바쁜 세상의 보폭에 맞추어 살아가는 것이 가능할까. 느리게 움직인다는 것은 주변의 사소한 것들의 속을 깊이 바라본다는 의미이다. 느리다는 것은 뒤처짐이 아니라 꾸준하게 오래 멀리 간다는 말이다. 빠름 속에 감춰지고 사라진 많은 것들을 되살려낸다. 조금은 느리게 가는 삶, 그 옆에서 느긋하게 지켜봐 주는 든든한 나무와 같은 사람과 함께하면 금상첨화다. 모든 명품은 느림의 선물이다.

  달팽이는 뼈 없는 연체동물이다. 복족류腹足類에 속한다. '복족'은 말 그대로 배로 걷는다는 뜻이다. 더욱 쉽게 말해 복근의 힘으로 점액을 분비하며 이동한다. 더군다나 이 이동과정에서 몸을 뒤덮은 집을 지고 험난한 지형을 통과한다. 시력마저 좋지 않아 위험에 쉽게 노출된다. 때문에 느리게 행동해야 한다. 하지만 인용시에 나타난 달팽이는 이러한 생물학적인 근거를 뜻하는 것이 아니라 느림의 비유로 가져온 것뿐이다.

  누군가 말한다. 느림은 게으름이 아니요 빠름은 부지런함이 아니라고. 느림은 여유와 성찰이라고. 거기에 비해 빠름은 불안과 무한 경쟁을 뜻한다.

"속도는 기술 혁명이 인간에게 선사한 엑스터시의 형태이다. 오토바이 운전자와는 달리, 뛰어가는 사람은 언제나 자신의 육체 속에 있으며, 끊임없이 자신의 물집들, 가쁜 호흡을 생각할 수밖에 없다. 뛰고 있을 때 그는 자신의 체중, 자신의 나이를 느끼며, 그 어느 때보다도 더 자신과 자기 인생의 시간을 의식한다. 인간이 기계에 속도의 능력을 위임하고 나자 모든 게 변한다. 이때부터 그의 고유한 육체는 관심 밖에 있게 되고 그는 비신체적, 비물질적 속도, 순수한 속도, 속도 그 자체, 속도 엑스터시에 몰입한다."

- 『느림』(La lenteur), 밀란 쿤데라(Milan Kundera)
/김병욱 옮김(2014년) 중에서

하늘을 바라본다는 것은 여백을 바라본다는 것이다. 이 또한 느림의 실천이다.

무언가 채우기에 바쁜 일상 속
문득 올려다본 하늘
무궁한 여백의 공간이 펼쳐져 있다

말하지 않은 이야기
그리지 않은 풍경
숨겨진 감정이 구름으로 떠돈다

동양화의 붓끝에서 탄생하는 여백
세세하게 그리지 않은
수많은 상상이 숨 쉬고 있다

여백은 비어 있음이 아니라
아직 발현하지 않은 무한의 가능성이
숨 고르는 여유로움이다

삶의 급변하는 흐름 속에서
잠시 멈춰 자신의 존재를 확인하는
억지로 채우지 않은 공간이다
-「여백의 탐구」전문

앞서 언급한 시편, '덧칠의 미학'에서 나타난 화자의 행위가 캔버스에 색칠하고 그림을 그리는 서양화의 반경이라면 위의 시, '여백의 탐구'에서는 종이 위에 붓으로 형상을 그려나가는 동양화이다. 동양화에서의 여백의 미는 詩에서 말하는 행간의 의미와 같다. 그러므로 화폭의 구성에서 매우 중요하게 다루어진다. 서양화의 경우 화폭을 가득 메꾸어 가며 그림을 그리고 색을 칠하는 반면에 동양화는 여백을 의도적으로 남겨둔다. 이는 사실 여백이 아니라 붓이 지나간 흔적(형상)과 그 빈 공간(여백)이 서로 조응함을 의미한다. 동양화에 대한 감상이 깊어지면 그것이 단순한 백지 공간이 아니라 붓질한 부분과 남은 부분(여백)이 운명적으로 결합 되어 있다는 것을 알게 된다. 표현 중에서 "말하지 않은 이야기/그리지 않은 풍경/숨겨진 감정"이 바로 여백을 뜻한다. 덧붙여 여백은 단순히 빈 공간이 아니라 무한한 가능성이다.

여백의 미는 느림의 미학과 상통한다. 현대사회는 욕망하는 세계이므로 무엇인가를 채우기에 여념이 없다고 시의 서두에 밝히고 있다. 그리하여 우리의 도심은 빠른 속도에 중독된 세상이다. 컴퓨터도 빛의 속도와 맞먹어야 만족한다. 업무처리가 빠르지 않으면 인정받기 힘들다. 선택받기 위해선 재빨리 선점해야 한다. 직장에서의 승진도 결국엔 누가 더 신속하고 정확하게 일을 처리 할 수 있는가에 달렸다. 일상의 시간도 빠른 리듬에 중독되었는지 쏜살같이 흘러간다. 그 질주하는 변화와 치열한 속도의 현장에 서 있는 우리의 삶은 더 바쁘고 항상 분주하다. 뒤처지거나 낙오되지 않기 위해 정신없이 달리고 목적 없이 휩쓸리기도 한다. 우왕좌왕한다. 그렇게 뛰어다니며 쫓아가고, 우선 멈춤도 없이 흘러간 시간을 뒤돌아본다. 결국엔 남는 것도, 내세울 것도 없다. 단지 현실의 무게만 우리의 어깨를 짓누를 뿐이다. 이미 다 써버려 돌아갈 수 없는 날들만 저 멀리 노을과 함께 저물어간다.
  우선 멈추고 뒤돌아볼 수 있는 느림의 시간 속에 보이지 않는 존재의 속삭임이 들려올 것이다.

4. 보이지 않는 존재의 속삭임

    백지인 인생 캔버스에 채워가는 색
    좌절은 암울한 잿빛으로

감사는 속살에 스민 금빛 결로
사랑은 잉크처럼 번지는 남청의 숨결로
한 겹씩 조심스러운 덧칠을 한다

비뚤어진 선과 덕지덕지 처바른 갈등의 질감에
뜻하지 않게 일그러진 색 번짐
그 모든 왜곡조차 나를 알아가는 과정이기에
날림의 붓질이지만
천천히 나만의 형상을 표현하고자 한다

때론 원형을 잃어 무어라 일컬을 수 없는
채색의 혼돈 속에서도
희망으로 덧칠해 보는 불완전한 나만의 초상
스스로 빛나는 내 인생의 걸작으로
세상에 당당히 내보일 수 있었으면 한다
- 「덧칠의 미학」 전문

백지 속에 보이는 것이 무엇인가. 백지의 캔버스는 백지 수표다, 라고 하면 좀 과한 표현 일까. 액수가 적혀 있지 않은 그것과 같이 백지는 무한한 가능성을 의미한다. 그 가치를 따질 수 없다. 인용시에 나타난 시적 화자는 캔버스에 색을 칠하고 있다. 구체적인 형상이 드러나지 않은 탓에 무엇을 그리는지 알 수 없다. 그 마음이 보이지 않는다. 보이지 않는 존재들의 속삭임에 귀 기울여본다. 남청색은 밍크처럼 번져가며 사랑을 속삭인다. 잿빛의 입술힌 흐느낌이 들려오는가 하면, 한줄기 금빛으로 번져가는 것은 무엇인

가. 붓질을 잠시 멈추고 망설인다. 갈등에 사로잡힌다. 형태가 반듯하게 드러나는가 하면 내가 그리고자 하는 형태가 심하게 찌그러진다. 나의 모습을 찾는 것은 미로를 벗어나야 가능한 것일까. 아니면 더 깊은 혼란에 빠져들어야만 할까. 아무리 덧칠을 해도 나라는 형태를 완성할 수 없다. 결국 나 자신이 스스로 빛날 수 있을 때까지 덧칠을 멈출 수 없다는 결론에 이른다.

  나 자신을 찾을 때까지 사막의 길 속에 파묻힌다. 사막은 조용하고 깨끗하다.

> 사막은 언제나 방향을 속이고 있지만
> 모래는 언제나 길을 품고 있다
> 어디에도 그늘을 남기지 않는
> 뜨거운 수직의 땡볕은 의식을 증발시킨다
>
> 지금껏 가본 적 없는 신기루를 떠올리며
> 모두가 다른 신화를 믿고 있다
> 요지부동의 나침판을 들고
> 누군가는 마지막 오아시스를 찾아 떠났다
>
> 사막에서 가장 두려워야 할 일이란
> 길이 보이지 않을 때가 아니다
> 모든 가능성이 열려 훤히 보이는
> 예측할 수 없는 방향의 첫 발걸음이다
>
>   -「사막에서 방향을 가늠하다」 전문

사막은 보이지 않는 길을 품고 있다. 사막이 품은 것, 그것은 진리처럼 쉽사리 눈에 띄지 않지만, 끊임없이 소통하고자 한다. 단지 그 소리를 듣지 못하거나 보지 못할 뿐이다. 우리의 길은 진리로 향해 나아가기 위해 익숙한 틀을 깨기도 하고, 의심과 질문을 반복하며 그 여정을 감행한다. 이 여정은 단순히 지식을 탐색하는 것이 아니라 세상의 이면을 바라보는 깊은 통찰과 자기 성찰을 의미한다. 한 걸음 나아갈 때마다 확신이 흔들릴 수도 있지만, 바로 그 한 걸음이 진리에 가까워지는 과정이다. 진리를 찾는 모험은 끝이 없다. 그러나 그 길 위에서 우리는 더욱 깊어지고 단단해진다. 보이지 않는 것을 보려는 용기, 끝없이 질문하는 자세가 곧 여행자의 나침반이 된다. 그리하여 시인은 다음과 같은 말은 남긴다.

"사막에서 가장 두려워야 할 일이란
길이 보이지 않을 때가 아니다
모든 가능성이 열려 훤히 보이는
예측할 수 없는 방향의 첫 발걸음이다"

이는 철학자 헤겔의 정반합 원리에 따른 의지적 차원이라 말할 수 있겠다.

5. 초록과 동백의 의지적 차원

> 비바람에 굴하지 않는 의지로
> 거친 벽 틈에
> 희망의 뿌리를 내리고
> 햇살 한 줌이면 충분하다며
> 허공에 내딛는 발
>
> 가냘픈 손 뻗는 마음만으로
> 이미 가까워지는 하늘
> 담쟁이는 오늘도 꿈을 향한
> 한 단계 도약을 위해
> 수직의 담벼락을 기어오른다
>
> 거칠 것 없는 진격의 초록 깃발
> 연대하여 전진해도
> 목적은 늘 손에 잡힐 듯 요원하다
>
> — 「초록의 의지」 전문

인용시에 나타난 담쟁이는 초록의 힘을 상징한다. 여기에서 초록은 인간의 의지를 말함이다. 초록의 의지는 격랑과 맞서며 살아가고자 하는 삶의 원천이다. "비바람에 굴하지 않는 의지로/ 거친 벽 틈에/ 희망의 뿌리를 내리고" 이와 같은 표현을 미루어 연약해 보이는 존재들에 대한 희망이 얼마나 간절한지를 증명한다. 초록 넝쿨이 벽을 끌어안는다는 것은 무엇을 찾고자 하는 우리의 갈망이다.

원래 담쟁이는 잎사귀가 뾰족뾰족 예쁘기도 하지만 아무리 높고 굴곡이 심해도 마다치 않고 기어이 오르고야 마는 덩굴식물이다. 가만히 보면 이름도 재미있다. '담'에다가 '쟁이'를 붙여 담쟁이다. 말 그대로다. 담쟁이의 전문 분야는 '담 타고 올라가기'다. 그러니 한 분야에 일가견이 있는 전문가와 같다. 언급했듯이 담을 한번 타기 시작하면 결코, 포기하지 않고 끝까지 올라서서 깃발을 꽂는다.

한 번은 생으로
나뭇가지 위 차가운 바람에 흔들리는 겨울 하늘 아래 이른 아침 서리가 입 맞춘 잎새 틈에 조용히 터지는 붉은 심장이 눈발에 스치는 꽃잎 하나 살아있으리란 말 대신 바라보는 이의 눈빛 속에 다시 핀다.

한 번은 마음으로
멈춰 선 발걸음에 아득히 맴도는 옛 노래처럼 다가간 누군가의 마음 한가운데 불쑥 들어서고 그리움은 붉은 꽃잎의 결을 따라 퍼져 잊고 있던 감정의 맥박 위에 사부자기 머물렀다가 말없이 전해지는 사랑의 방식으로 생을 다한 채 툭 떨어진다.

마지막은 영원으로
땅 위에서 다시금 피는 꽃송이는 소멸의 의식으로 지는 게 아닌 다시 피는 일이기에 빛이 머문 자리에서 영원히 지워지지 않을 한 줌 기억의 토양이 되어 계절의 순리에 합당하게 또다시 돌아와 그렇게 동백꽃은 세 번 핀다.
   －「세 번 피는 동백꽃」 전문

우선 인용시의 특징은 문장이 끊기지 않고 길게 이어짐에 있다. 또한 앞의 시편 '초록의 의지'에서 보여준 담쟁이의 기나긴 투쟁의 역사를 보는 것 같아 흥미롭다. 마침표 없는 문장이 길게 이어진다는 것은 그의 시가 뜻하는 바를 효과적이고 명징하게 전달하기 어렵지 않을까 하는 우려를 낳는 반면, 독자의 입장에서는 긴 문장이 전해주는 복합적이고 낯선 문법을 습득할 기회를 가진다. 사실 시인들이 길게 이어지는 문장을 사용하여 효과적으로 메시지를 전달하기에는 역부족인 경우가 많다.

하지만 윤경로 시인은 시의 문장 속에 리듬과 의미를, 말하자면 두 마리의 토끼를 다 잡은 셈이다. 덧붙여 "한번은 생으로, 한번은 마음으로, 마지막은 영원으로," 해서 세 번 핀다는 동백의 세계가 신비롭게 불타오른다. 겨울의 틈새에서 조용히 피어나고, 불같은 사랑으로 또다시 피어나고, 소멸의 두려움을 품으며 이렇게 세 번 피어났다가 툭, 툭, 툭, 또, 그렇게 또 세 번 떨어진다.

윤경로의 시는 작고 미미해 보이는 것들이 품고 있는 귀중한 가치를 말한다. 그 작은 것들로부터 시작하는 그의 시는 연민과 사랑의 힘을 발휘하며 큰 공감력으로 우리의 마음을 위무한다. 이는 잊혀버린 것들에 그리움과 연결된다. 그의 그리움은 또한 아지랑이처럼 부지불식간에 피어올라 서서히 소멸하는 위기를 맞는다. 하지만 결코 희망을 버리지 않는다. 초록의 의지력으로 저 너머의 세계, 저 높은 꼭대기를 향하여 포기하지 않고 올라서는 희망으로 가득한 시편들이다. 그렇다고 무작정 오르기만을 고집하지 않는다. 여백의 미에 손길을 뻗으며 하늘을 올려다보는가 하면 잔잔한 호숫가에서 찰방대는 물결의 속삭임에 귀 기울인다.

천천히 걸으며 자연과 사물의 미세한 움직임과 소요를 감지한다. 따라서 그의 시는 자연 우호적이며 사람다운 삶을 꿈꾸는 시편들이다. 급하고 경솔한 판단을 보류하고 생활의 리듬을 느리게 하여 세속적 이해관계를 초탈, 삶을 관조하고 음미하는 심미적인 시적 세계관을 보여준다. 그리하여 윤경로의 시편들이 도달하고자 하는 결론, 그 '결론을 향한 의지'는 당연히 이상적인 목표나 목적지에 닿으려는 강한 의지와 추진을 말함이다.

그 가열 찬 추진력으로 높은 시의 경지를 향하여 끊임없이 달려가기를 바란다.

윤경로 시집
달팽이의 노래

인쇄: 2025년 9월 20일
발행: 2025년 9월 25일

지은이: 윤경로
펴낸이: 최경식
펴낸곳: 청옥출판사
인쇄처: 세종문화사

출판등록 제10-11-05호
E-mail: sik62001@hanmail.net
전화: 051-517-6068
값: 12,000원

ISBN 979-11-91276-87-9 03810

* 이 책의 무단전재 및 복제행위는 저작권법에 의거, 처벌의 대상이 됩니다.

청옥 文選

131. 섬진강의 봄··강주덕 시조집
132. 그대의 미소··장석순 소설집
133. 아버지의 감나무··김선보 시집
134. 인생 따라 구름 따라··김예리 시집
135. 언제나 처음처럼··이춘희 시집
136. 누가 마음을 보았는가······································김상우 수필집
137. 생각의 조각 맞추기··김남숙 시집
138. 갈 수 없는 고향··김순옥 시집
139. 사랑의 빛···임흥윤 시집
140. 남기고 싶은 생각들··정경삼 시집
141. 사랑이 머문자리 그리움이 남는다·····················심인수 시집
142. 숲길을 걷다···김지원 시집
143. 어떤 시간의 행복··최경식 시집
144. 마음결 바람결··소인선 시조집
145. 바람아바람아! 3··윤주동 디카시집
146. 마음따라 발길따라···손선자 시집
147. 中道로 살면 행복이다·······································조대익 수필집
148. 검은 길 위의 파수꾼··류상두 시집
149. 사람도 풍경이 된다··박순옥 시집
150. 흙 속에서 피는 꽃··송명복 수필집
151. 2022 석교시조문학 22인··································22인 시조집
152. 누군가의 등불이 되고 싶다·······························남상일 자서전
153. 고독이라는 명마를 타고···································정광일 시집
154. 통점에서 피는 꽃···박서영 시집
155. 아담의 진실···안행덕 시집
156. 갯마을 일기···현옥환 시집
157. 생의 간이역···정은희 시집
158. 머물러 선 바람아!···윤주동 제6시조집
159. 달빛··박순옥 동시집
160. 하늘에서 필 꽃···정만석 시집
161. 널 사랑할 수밖에···박소영 시집
162. 이제 그렇지 않을 날만 남았습니다····················조경숙 시집
163. 바퀴 하나··정광일 시집
164. 생각의 서랍···김세련 시집
165. 행간에서의 노숙···문영길 제5시집
166. 살며 그리워하며···이수일 시집
167. 슬픔을 풀어내다···천상례 제3시집
168. 2023 석교시조문학 21인··································21인 시조집
169. 할머니, 아직 시인이세요?································최선희 시집
170. 그림자 없는 자화상···김동진 시집
171. 갈대 창고··김두기 시집
172. 바람의 장난···박순옥 시집
173. 보라의 독백···김남숙 시집
174. 보리밥 한 그릇과 막걸리 한 잔과 햇살 한 조각··김병국 수필집
175. 뭐 한다고 시는 써···정광일 시집
176. 내게 남은 건 가슴이 주워 담은 말뿐··················정광일 시집
177. 바람의 노래···소갑순 시조집
178. 2024 석교시조문학 19인··································19인 시조집
179. 부화뇌동··민경문 시집
180. 만월(滿月)도 기우는데····································권영수 시집
181. 이 세상에 사람으로 살면서······························조용구 시집
182. 내 삶을 저당 잡힌···조영환 시조집
183. 그럴 리가··이석락 시조집
184. 머무르고 싶은 순간들······································김경희 시집
185. 비켜선 바람아!···윤주동 제7시조집
186. 감자꽃 침묵···민수호 제4시집
187. 지금 아니면 언제 해··한유경 시집
188. 시간의 강에 기대어···최경식 아홉 번째 시집
189. 오늘밤 꽃기린··김지원 시집
190. 그리다가 만 자화상···김동진 시집
191. 아주, 낭만적인 고독··김세련 두 번째 시집
192. 색 고운 황혼녘 길 단상····································심인수 시집
193. 달팽이의 노래··윤경로 시집

윤경로 시인은 자신의 시에 대한 생각을 시인 자신이 쓴 '작가의 말'에 상세하게 피력하고 있다. 그러므로 윤경로 시인이 쓴 작가의 말은 시인의 시가 전하고자 하는 주제라고 해도 무방하다. 시인이 쓴 작가의 말을 읽는다.

세상은 빠르게 흘러가고 말들은 점점 가벼워집니다.
그 속에서 나는 아주 느린 걸음으로 작고 조용한 것들의 속삭임에 귀를 기울이고자 했습니다.
삶의 틈에서 피어난 이 시들은 어쩌면 잊혀졌거나, 지나쳐 버린 것들의 작은 울림일지도 모릅니다.